新时代高校档案管理科学发展研究

段园园 著

中国农业出版社
北 京

前　言
FOREWORD

在高等教育事业和档案事业发展中，高校档案工作不仅不可或缺，而且十分重要。高校档案工作是高校改革发展的重要基础，是国家档案事业的中坚力量。在档案强国、文化强国、教育强国建设中，高校档案工作大有可为、大有所为，必须始终把管理服务放在首位。因此，要在档案管理服务中，以广大师生和校友的需要为最高准则，不断优化服务流程，不断提高服务质量，不断提升服务满意度。

鉴于此，笔者撰写了《新时代高校档案管理科学发展研究》一书。在本书中，首先笔者对档案、档案管理与档案学进行了简单的介绍，使大家对本书想要讲的内容有一个基本的了解。其次，笔者用七章的篇幅对高校档案方面的内容进行了较为全面的分析与介绍，主要包括高校档案的编研与传播、高校档案管理、高校档案的信息化与数字化建设、高校档案的信息安全、高校档案馆及高校档案管理方法等多个方面。

笔者在撰写本书的过程中，参考了大量的文献和资料，在此对相关文献资料的作者表示由衷的感谢。此外，由于笔者的时间和精力有限，书中难免会存在不妥之处，敬请广大读者和各位同行予以批评指正。

目　录

CONTENTS

第一章

绪　论

第一节　档　　案

一、档案的起源与发展

（一）原始记事是档案的起源

记忆是生物趋利避害、生存进化的重要条件。例如，狼等猛兽从炼狱般灭顶之灾的火海中死里逃生后，刻骨铭心、痛入骨髓地对火的恐惧不仅至死不忘，而且把这种记忆代代遗传，使后代远离火源，以保安全。而“初生牛犊不怕虎”就是牛犊没有遗传的记忆。虽然勇气可嘉，但面临危险和死亡而不自知，并非正常的生存之道。人类在进化中产生质的飞跃和升华，重视记忆、物化记忆就是其中的一个重要因素。

在文字发明以前，原始人要提高生存能力，把各种经验保留下来传之后世，只有以口相授，口耳相传，这就是传说。传说是最原始的记事。原始人由于对自然力的崇拜和认识水平的局限，往往离开神话就难以思维，因此远古传说里掺杂的神话也是很多的。上古人把这些传说用固定的语言，编成口诀、歌谣来流传。我国远古传说是十分丰富的，如有巢氏架木为巢，燧人氏钻木取火，伏羲氏结网捕鱼，神农氏种植五谷百草等。这些传说在后来的历史典籍中得到记载。如《韩非子·五蠹》，“上古之世，人民少而禽兽众。人民不胜禽兽虫蛇，有圣人作，构木为巢以避群害，而民悦之，使王天下，号曰有巢氏。”是为巢居时代。《庄子·盗跖》：“神农之世，民知其母，不知其父。与麋鹿共处。耕而食，织而衣，无有相害之心。”这说明已进入农业时代。这些尽管是传说，但毕竟有其历史的内核和要素，可谓为“不文的”历史。远古的历史就是这样相传下来的。当然，不能说产生了传说就是产生了档案。

由于口耳相传的史实容易失真，并且受到时间和空间的限制，难以及远，又无法存储备用，所以，随着人类社会由简单到复杂，由低级到高级的发展进化，出现了刻木、结绳记事的行为。刻木的行为称刻契，因之，所刻之木称契。与结绳、刻契相类似的还有编贝或结珠记事。所谓“编贝”“结珠”，就是把各色的贝壳磨成扁圆形的小珠或者直接用穿孔的贝壳按各种习惯的方式穿在绳子上来记录不同的事情。

利用实物记事是一个历史阶段。随着社会发展，原始人逐渐利用图画记事。所谓图画记事，是把事物形象，如人、鸟、太阳等，刻画在树皮、骨头、兽皮、岩石上，以事物形象代表事物本身。图画记事比实物记事前进了一步。图画是“文字的前驱”，对文字的产生起着直接的诱导作用。把记事的图画逐步加以简化、整理，使其代表语言符号，有了读音，就形成了文字。而记事的实物则与文字的形成没有直接关系。

（二）文字的发明是档案产生的前提条件

中国地域辽阔，在当时道路、交通、信息传递处在原始状态的情况下，由个别人创造文字而推广应用到整个社会是不可能的。

最初的文字是由原始记事中各种符号、图形逐渐演变形成的。关于中国文字的起源，最为流行的传说是黄帝时期仓颉创造文字。《许慎·说文解字·序》说：“仓颉之初作书，盖依类象形，故谓之文，其后形声相益，即谓之字。”可直到表音字的出现，才成为记录语言的文字。各种符号图形是世世代代的人们逐渐积累的，而用符号表音则由少数人创造。正因如此，我国先秦才有仓颉作书的说法。《荀子·解蔽》说：“好书者众矣，而仓颉独传者，壹也。”是说仓颉以前，各氏族已有类似文字符号的使用，但不相统一，仓颉把这些庞杂符号整齐划一固定起来，故独传于后世。由此可见，文字虽非仓颉所独造，但仓颉确是创造中国文字的代表人物，是中华民族的骄傲。仓颉站在野蛮时代与文明时代的分水岭上，为中华文明乃至世界文明的发展做出了卓越的贡献。

文字是档案产生的前提条件。文字的发明为档案的产生提供了社会的客观可能性。那么，文字究竟产生于何时？从一般原理说，文字的产生和文明的诞生是同步的。文明不是与人类同时出现的，是人类文化演进到高级阶段才产生的。例如，20 世纪 80 年代在西安市西郊斗门乡花园村发掘出属于龙山文化时代晚期的原始社会遗址出土的甲骨文字，距今约 4 500～5 000 年。

（三）国家的产生是档案产生的社会条件

文字作为记录史事的工具而言，是档案产生的必不可少的条件，而档案的产生是直接和国家的产生联系在一起的。中国古代由原始社会向奴隶社会过渡阶段，许多地方已有铜器（农业社会）。农业，特别是金属冶炼业的发展，促进了社会的分工和交换，扩大了奴隶制的领域。阶级的出现、国家的形成、“共同语”的产生构成了一个整体。国家机关在管理国家、发展生产、占卜天象、祭祀征战等方面形成的文书记录，就是无可争议的档案。

总而言之，档案是人类社会发展到一定阶段的产物。它的产生经历了一个相当长的历史过程，从口耳相传到实物记事为萌芽，以文字发明为基础，以国家产生为背景，产生于原始社会（渔猎社会——石器时代）向奴隶社会（农业社会——铜器、铁器时代）过渡的时期。档案和人类社会同步发展，记载了人类文明的灿烂辉煌。档案是有史以来最早的文字信息记录，是社会发展中的第一代文献。档案既是社会文明的产物，也是人类社会和国家文明的一种标志。

二、档案载体与名称的发展演变简介

（一）甲骨档案

甲骨档案主要是指把人类的社会活动契刻、书写在龟甲、兽骨上而形成的数量庞大、内容丰富的夏、商、周时期档案。清朝光绪年间，安阳小屯村农夫在耕田时发现兽骨，把其作为药材卖给药铺。清光绪二十五年（公元 1899 年），经考古学家王懿荣发现，确认了甲骨具有历史价值。经罗振玉大力提倡，奠定了“甲骨学”的地位。甲骨档案主要集中于商代，现在保藏的甲骨，多为盘庚迁殷到纣亡的 273 年间的遗迹。

商代的甲骨档案距今已有 3 300 多年，其总量大约在 15 万片以上，这些甲骨一般都是破碎的，只有极少一部分是完整的。已经整理出来的甲骨文单字，除去重复字和异体字，有 4 500 字左右。其中能够准确认识的有 900 多字，这些大多是常用字。此外，不能确认的约 3 500 字，大多数是人名、地名等专有名词。

甲骨档案所用材料大部分是乌龟的腹甲和牛的肩胛骨，后人于是将其合称为“甲骨文”。其记录方式大多是用小铜刀（或石刀）刻在坚硬的龟甲、兽骨上，也有少量是用毛笔书写的。其文字大者径逾半寸、小者细如芝麻，篆刻得规整美观。甲骨档案的产生，反映了人类社会的发展水平，记载了人类社会的文明进程，是我们研究人类社会发展史无可替代的重要凭证。

（二）简牍档案

金石档案虽坚固耐久，但载体笨重，制造费工，且不便传递。所以商周至东晋时期，特别是从周代到汉代的 1 000 余年间，多用竹片和木片撰写文书与保存档案。竹片称“简”，木片称“牍”，把若干竹片或木片编在一起叫“策”（册，古时“策”与“册”二字相通），通常称作“简策”“简牍”“简书”等。

采用简牍这种形式，取材和书写比较容易，编连篇幅比较灵活，也较便于保存和传递。尤其是这种方法从官方到民间均可采用。而民间的普遍采用，使医学等多种行业技术得以记载，民族智慧得以留传，对我国的文化发展具有承前启后、继往开来的作用，这都是简牍档案的不可磨灭之功。

（三）纸质档案

社会总是在发展，事物都有两个方面。缣帛档案固然有很多优点，但是如《后汉书》所说：“缣贵而简重，并不便于人。”随着社会经济、政治、文化、科技的不断发展，勤劳智慧的中华民族发明了造纸术，使文书、档案和其他文献载体记录方式发生了空前的变革。公元 105 年，东汉蔡伦改革了造纸术，纸张以其轻便（相对于简牍）、价廉（相对于缣帛）、信息含量剧增（古代“学富五车”之简牍的信息含量，现代一本纸书即可全部包容）、普及性强（使用、传递、保管方便）等特点进入社会文化之中，并逐步在中国大地传播开来，进而又传播到世界各地。纸张的应用使简牍、缣帛等信息载体基本退出了历史舞台，完成了人类历史上信息载体的革命。近两千年来，人类社会发展进化的历程，包括政治、经济、军事、科学、文化、艺术等所有领域取得的各种思想理论成果和辉煌成就，基本上都是用纸张记载的。现珍藏在北京故宫博物院的西晋文学家陆机（公元 261—303 年）所写的“平复帖”，是古代名人的书札墨迹，至今已有 1 700 多年，是已发现的历史最久远的纸质档案之一。

不管是从档案的内容还是从档案的载体形态来看，甲骨档案、金石档案、简牍档案、缣帛档案都展现了中华文明的灿烂辉煌。造纸术的发明是中华民族对全人类的伟大贡献，由此而引发的载体革命，使纸张在近两千年的时间里，在全世界的范围内成为记录人类文明必不可少的重要载体。

（四）电子文件（电子档案）

电子文件是伴随计算机技术的发展而产生的一种新型文件。在电子环境中，文件和档案的界限不像纸质文件与档案那么清楚，而且目前电子文件的法律效力尚未得到全面的认可，电子文件尚未取得与“档案”一样的法律地位。但是档案馆又不能等这些问题都解决了再来接收电子文件，而应该顺应时代发展，在干中学、在学中干，积累实践经验以推动理论的发展。电子文件作为现代信息技术的产物，具有与传统纸质文件完全不同的特征。其特征主要包括：信息存储的高密度性（如一本书可容纳数车简牍的信息量，而一张光盘则可容纳若干本书的信息量，信息存储的高密度性由此可见）；信息的非人工识读性（人工无法直接识别、使用，必须借助于计算机技术、设备才能读取、使用）；系统的依赖性（电子文件是在计算机网络系统中产生、传递和应用的，是依附于系统而存在的）；信息与特定载体之间的可分离性（信息与载体的结合具有极大的灵活性，可以根据需要进行增补或删除）；多种信息媒体的集成性（可以把文字、图像、声音融为一体，具有极大的综合性）；信息的可操作性（信息的操作可以脱离载体，不受时空限制，进行组合、传递、变更、调整等）。

三、档案的基本概念

（一）档案的概念

1. 档案的辞源

档案伴随人类文明产生而产生，在人类社会中发挥着重要作用。在古代，文书与档案的名称不分，如册、典、简、牍、简牍、简书、文书、簿书、文簿、文案、案牍、文牍等，都是档案。档案一词到明末清初开始出现，对档案一词最早的解释是清康熙年间的杨宾（约 1707 年）。

2. 档案的定义及要素

人们在社会实践活动中对档案的使用使他们对档案的认识不断深化，尤其是随着近代档案学的产生和发展，人们开始系统认识和科学阐述档案的概念及含义。由于社会发展导致档案内涵的不断丰富和变化，加上人们对档案的认识不尽相同，形成了不同的档案定义。从认识论的角度看，人们对事物的认识是相对的。一定的社会历史条件，产生相应的认识水平。随着社会历史的发展，人们的认识相应地提高。从学术研究的角度看，“百花齐放，百家争鸣”能使人们在比较、鉴别中取长补短、提高认识。从实际工作的角度看，则应采用一种标准，以保证相对的稳定性与统一性。

档案由四个基本要素构成：

（1）档案形成者。指国家机构、社会组织和个人。档案来源于一定的立档单位（即形成档案的单位），产生于立档单位的社会实践活动。没有档案形成者，就不可能产生档案。档案形成者与档案（或主体与记录）之间具有客观的、内在的、必然的联系。

（2）档案内容。指记载的知识信息。档案记录着人类在自然科学领域和社会科学领域进行实践活动所获取的各种知识信息，容纳包含了天文、地理、历史、社会各行各业的丰富知识。人类社会实践的广泛性，决定了档案内容的丰富性。档案是信息，是知识宝库，是文化财富。档案之所以有价值，就在于它记录的各种知识信息可供人们查考利用，它是人类了解过去、解决当前问题和预测未来的依据。

（3）档案形式。指文种形式、载体形式、信息记录和表达形式。档案是内容和形式的统一体。

（4）档案的本质。档案的本质是直接的、原始的历史记录。这是档案区别于资料等其他邻近事物的根本。文件办理完毕（文书处理程序完毕或完成现行效能）才能区分其价值并转化为档案，档案是保存备查的历史文件。档案与图书、情报资料的关系密切，都是记录知识信息的载体。它们之间的区别是：档案是保存原文真迹的。未经过再加工的原本和原稿，不是事后追记、编写或收集来的间接资料，档案是原始文献而非派生文献。图书、情报资料则没有档案的这种特点。档案是反映人类历史活动的原始记录。

（二）档案的属性

1. 档案的特有属性

档案从“原始记事”起源，经历“文字的发明”到“国家的产生”而最终形成。人类进入文明社会，档案和人类社会同步发展，成为人类社会活动的直接记录。档案兼具原始性和记录性二者于一体的特点，是档案区别于其他文献资料的特有属性。档案的特性主要表现为原始性和回溯性。档案的产生过程和规律决定了档案信息的原始性。因为它是人类社会活动的直接记录，所以它具有显著的原始性。档案信息的这种原始性，使它具备了其他信息形式无法替代的证据作用，从而获得了珍贵的价值。

因为档案内容真实地反映了人类社会活动的内容和真实过程，成为历史的记述，所以档案信息又具有回溯性的特性。档案信息成为人们回顾过去、了解历史、总结经验、探求规律的根据。人们在对档案信息的回溯过程中，可以得到为现实服务的系统信息。

2. 档案的知识属性

知识是人类在实践中所获得的认识和经验的总和。它是人类实践的沉淀和积累，也在人类社会实践中传播和延续。档案记录着人类在各项社会实践活动中所获得的知识，包括感性认识和理性认识的知识。档案是全面直接记录和积累知识的原始载体，是贮存知识的重要手段。由于档案来源相当广泛，各行各业无不形成档案，因此档案中蕴藏着人类的丰富知识。可以说涉及人类的百科知识，即上至天文、下至地理、中及人事、旁及动植物界，乃至社会历史、政治军事、科学文化、自然物产、风俗民情、社会生活，无不在档案记载之中。档案是人们取之不尽、用之不竭的知识财富。

档案不仅有贮存知识的功能，当它被人们利用时又可以发挥传播知识的功能。档案记录的知识大部分是可靠的，但也有一些不可靠的。档案是社会现象，在阶级社会中形成的档案，反映一定阶级的思想观点。剥削阶级从其阶级私利出发，在他们的记述中掩盖真相、颠倒黑白、歪曲事实，甚至无中生有的情况屡见不鲜。此外，由于人们认识世界存在着主观与客观的矛盾，加上认识能力的局限性，故而记述失实的现象也时有发生。因此，利用档案像利用其他资料一样，都要进行鉴别，对其所记录的知识要批判地继承，绝不能不分青红皂白，兼收并蓄。

总而言之，档案是存贮和传递知识的原始记录，是人们获取和集成知识的媒介，是不断积累知识和社会文明进步的条件之一。档案的知识传递功能不仅具有空间的扩散性，而且还具有时间的延续性，它可以把人类知识世代传播下去，使人类文明史得以延续和发展。

3. 档案的信息属性

档案信息是固定在一定载体上（指纸张、胶片、磁带等）的信息，具有稳定性，可重复利用。档案信息是一种回溯性信息，它记录已经发生过的活动、事件及其过程，通过追溯以往的信息，可利用前人的经验和知识，为当前的工作和生产服务。

档案信息像其他信息资料一样具有以下六个特征：一是可扩充性。档案信息的内容随着时间的推移和档案的积累将不断扩充。二是可压缩性。人们可以对档案信息进行加工、整理、归纳、概括，使之精练、浓缩而便于利用。三是可替代性。档案信息的利用，可替代资本、劳力和物质材料，可减少消耗，产生经济效益。四是可传输性。档案信息可通过传输渠道，传递给用户。五是可扩散性。通过多种信息传输渠道，使档案信息广泛扩散，为社会各方面服务。六是可分享性。档案信息可以不断重复输出，供人们分享。档案信息经过开发输出，为用户所接收，可产生社会效益和经济效益。

（三）档案的文化属性

文化是人类社会发展过程中所创造的物质财富与精神财富的总称。文化具有极其广泛的内容，有着各种各样的形式。一般来说，可以把文化分为物质文化、行为文化、精神文化三种类型。精神文化是文化的深层结构，物质文化则是文化的表层结构。档案属于精神文化财富的一种。档案是各个民族在社会活动中形成的历史记录，它记录和反映着民族的语言、心理素质、性格、传统以及生活方式。档案的文化性质决定了档案馆的文化事业性质。一个国家的档案馆设施健全与否，馆藏档案是否具有连续性，馆藏档案内容是否丰富，馆藏档案的价值如何，档案工作者的职业道德与职业素质如何，反映了一个国家文化发展的程度。档案的文化性质，决定了档案是人类物质文明建设与精神文明建设的重要条件。

对档案特有属性（知识属性、信息属性和文化属性）的认识，是对档案价值认识的一种深化，对增强人们的档案意识，重视档案和档案工作有理论上的指导作用。

（四）档案的种类

分类是人们认识事物和管理事务的基本方法之一。所谓“分”，是指把整体事物变成几部分或者使连在一起的事物分离；所谓“类”，是指许多相同或相似的事物的综合。分类就是把形态复杂的、数量众多的、相同或相似的事物分离成若干部分，以便于正确认识事物和科学管理事物。对事物进行科学的分类，是实施科学管理的基础。但分类本身却是个极为复杂的问题，其深层问题尤其是根本性问题人们至今并未达成科学的共识，有待进一步的认识、发展和完善。档案分类就是依据一定的标准，按照档案来源、时间、内容和形式等特征的异同点，对档案进行有层次的区分，并组成一定的体系。

档案的范围非常广泛，它包括各种门类的原始历史记录。根据档案的不同属性和科学管理的需要，可采用不同的标准，从各种角度划分档案的种类。

（1）按照档案的来源标准进行划分。即按其形成者的性质可分为国家机关档案、党派团体档案、事业单位档案、企业档案、名人档案等。

（2）按照档案的时间标准进行划分。一般可分为古代档案、近代档案和现代档案。古代档案和近代档案常被统称为历史档案。在中国通常分为中华人民共和国时期档案和中华人民共和国成立前的档案两大类。其中中华人民共和国成立以前的档案又分为革命历史档案和旧政权档案（包括民国档案、北洋军阀档案等）。

（3）按照档案所有权标准进行划分。可分为国家所有档案、集体所有档案和个人所有档案。在外国通常分为公共档案和私人档案。

（4）我国常用的档案分类。分为文书档案、科学技术档案和专门档案三大类别，然后再往下细分。这种分类方法，在划分标准的一致性和命名方面，都有些不尽科学的地方。但这是档案工作者在长期的工作实践中自然而然地逐渐形成的三个概念，而且在许多文件、著作和实际工作中已经使用多年。一概否定拒用是不现实的，应该正确理解使用，力求使之完善。按照“约定俗成”的习惯，这种划分实际上分为普通档案（或称党政档案）、科技档案（突出的一类专门档案）和其他专门档案三大部类。而对其命名，由于意见分歧，一直未能统一，尚有待继续探讨，以期从分类方法到名称达到进一步的共识。

文书档案实际上是指行政管理档案，是机关、团体在社会的行政管理活动中由各种行政公文（如请示、批复、报告、决议，法规、通知等）转化而成的档案。文书档案具有内容丰富、形式规范、涉及面宽等特点，在档案家族中占据主导或统治地位。其内容涉及国家、政党、民族和社会生活的各个方面，是了解、研究国家社会政治、经济、文化、历史的基本依据。文书档案的概念是最早出现的。

科技档案大多集中在设计、研究单位和工厂、矿山、地质、测绘、水文、气象、建筑等部门，是反映科学技术、经济建设真实面貌的原始记录，也是科学技术的重要存在形式之一。科技生产活动虽然是人类赖以生存、发展的基础，但却只是在近现代以来才获得了充分的、突飞猛进的发展，而且对人类社会的重要性也日益深刻而明显。其价值与作用堪与文书档案并驾齐驱。所以在人们的观念中开始形成了科技档案的概念，并被社会认可而广泛应用。

上述不同种类的档案，由于各具一定的特点，在管理方面都有某些不同。如普通档案和各种专门档案，纸质档案和各种特殊载体档案，其整理和管理方法都有明显的区别。档案工作者往往从不同的需要，采取某种分类标准将档案划分为若干种类，所以从总体上必须全面而系统地掌握档案种类的划分，以利于档案的宏观管理和微观管理。

四、档案的价值、作用及其规律

（一）档案的价值

1. 档案的凭证价值

所谓的档案的凭证价值是由于档案具有记录历史原始记录的特点所决

定的。人们经常说的“空口无凭、立字为据”，所说的就是档案的凭证作用。这里的“字”是契约，也就是以档案的形式存在的，也叫文书等。由此可见，档案的凭证价值可以出现在人们生活中的任何地方，凭证价值也是档案区别于其他类资料的最基本的特征之一。档案的凭证价值是根据档案的形成规律及其自身的特点所决定的。例如，针对日本一些右翼分子在某些场合公然否认日本侵略中国的事实，否认南京大屠杀的事实的猖狂叫嚣，辽宁省档案馆为揭露日本军国主义分子掩饰南京大屠杀的谎言，在《民国档案》1994 年第二、三期公布了《满铁档案中有关南京大屠杀的一组史料》。新华社 1994 年 5 月 9 日以《南京大屠杀历史铁证如山不容否认》为题，发布了在满铁档案中发现南京大屠杀记载真相的消息，立即引起强烈的反响，全国 20 多家报纸纷纷转载。美、英、法、德等国一些报刊、电台做了报道，成为当时国内外一条重要新闻。这组史料的公布，以无可辩驳的史实，揭露了日本军国主义制造南京大屠杀的真相，对教育广大人民群众，警示众人具有重要意义。

2. 档案的参考价值

档案信息的参考价值也是其重要的价值组成之一，由于档案信息可以记录历史的进程，能够客观地反映历史事件的真实性以及其思维的纵向发展，而且还能够简洁地反映出记载事物的领域和活动范围的广泛性。档案信息的记录凝结了社会上各个领域内的活动状况和成果经验，可以作为人们日后与自然和谐相处的凭证和借鉴，同时也为明确人与人之间的关系、社会内部之间的关系提供了大量的可行性信息和借鉴。因此，人们对于过去事物资料的查询、探索、研究等相关的活动提供了必要的参考。我们要继承和发展对历史遗迹、历史遗留物的珍惜和研究，为开创社会主义事业做出重要的贡献。

（二）档案的基本作用

1. 维护国家、集体和个人权益的法律书证

如果档案记录的内容、含义以及外形的特征都能够如实地反映一段过去的某段事实，那么档案信息就可以作为证明事实的一种书面的文件，如证实国家的合法权益、集体的合法利益以及个人自身的利益安全等。档案记录的内容不仅能够反映当时社会的具体活动，也能够反映当事者的合法权益，如档案信息包含立法性质的内容、证明某事物真实有效的文件、相互间交往的材料信息等。

2. 政治斗争的必要工具

随着社会的不断发展，自从阶级产生之后，档案在不同阶级的政治斗争中发挥着重要作用。由于档案中记录了当时真实的情况，如当时的社会状况、阶级制度、经济发展状况、政治及法律的发展与制定情况等。这些真实的原始资料就成为阶级之间各种斗争工具的依据。我国现存的大量的档案信息，记录了国外势力对我国进行的许多罪恶的活动以及中国人民进行反抗和革命的历史事实。我们党和国家一向重视档案的利用，将其作为国家斗争中锐利的武器。同时，档案在纠正冤、假、错案工作中和打击刑事犯罪、维护社会稳定的斗争中也发挥了重要作用。

3. 科学研究的可靠资料

档案是从事科学研究的“粮食”和“能源”。无论是自然科学，还是社会科学、思维科学的研究，都必须详尽地占有材料，才能据以潜心钻研、探索事物发展的规律。所以，档案是科学研究的必要条件。例如，夏、商、周断代工程关于武王伐纣战争中的牧野之战的测年课题，就是根据金石档案和古文献记载，运用计算机进行超大量的运算而取得的科研成果。自古以来，编史修志更是离不开档案。无论是编写古代史、近代史、现代史、断代史、党史，还是修撰地方志、行业志等各种志书，如果没有档案或离开档案，编史修志工作根本就无从谈起。由此可见，档案是从事科学研究、编史修志工作基本的、不可缺少的重要条件。

4. 宣传教育的生动素材

档案之所以成为宣传教育的生动素材，是因为它以历史性、直观性、原始性和丰富性等特点而见长。许多地方档案馆举办展览，向人们展示了罕见的、丰富的历史档案，以历史性、真实性、知识性、趣味性赢得了社会公众的高度评价。如新乡市档案馆举办的《沧桑巨变话新乡》展览，以丰富的内容、新颖的形式展示了当地的政治、经济、历史、文化、教育、科技等情况。展览内容既有日寇的杀人罪证，又有人民的革命斗争史；既有历史战争灾难，又有现代建设成就；既有历史优秀人物，又有当代英烈模范；既有当地风土民情，又有当代城市风貌；既有城市发展起源，又有远景发展规划。展览使社会公众由了解家乡、热爱家乡而建设家乡，使青少年学生观看日寇凶残和战争灾难，激发民族尊严，进而树立革命的人生观。

（三）档案发挥作用的规律

研究和掌握档案发挥作用的规律，有助于科学地组织开展档案工作，更好地发挥档案的作用，实现档案的价值。档案发挥作用的规律主要表现在以下几个方面：

1. 档案作用的时效律和扩展律

档案作用的时效律就是档案的作用随时间的增长而逐渐减小以至消失的规律。有些档案在某一段时间内有着查考作用，甚至利用率相当高，但随着时间的推移，这些档案的作用逐渐减小，以至消失。

档案作用的时效率主要受两个方面因素的影响：第一，大部分档案记录的内容都只对一段时间内的实际情况具有参考价值，超出其时限范围，参考作用会降低，甚至消失。第二，以传统纸质为载体的档案信息，由于其载体的自然老化是无法避免的，这也导致档案信息的参考价值降低，甚至丧失参考的价值。因此，档案工作者必须掌握这一规律，一方面不失时机地开发档案信息资源为社会所利用，另一方面科学保护档案，最大限度地延长档案的使用寿命。

档案作用的扩展率就是档案的作用随时间的增长而扩大发展的规律。从档案的主要部分来说，由于它记录的原始性、孤本的稀有性、内容的典型性等特点，档案的作用是可以扩大和发展的。其主要表现在两个方面：

第一，档案的作用从机关向社会扩展。档案的作用，具有对其形成机关和对社会作用的双重性和过渡性。对机关的作用，又称为档案的第一价值；对社会的作用，又称为第二价值。

档案信息对机关部门的作用有三个主要特点：首先，它是档案发生作用的最初的阶段。档案信息在形成后，在相当一段时间内总是被机关、企事业单位所利用，同时也是其查询工作活动所必不可少的事实依据。在档案利用的最初阶段其被利用的效率最高，此阶段也是档案发生实际作用的重要时期。其次，档案对机关形成的作用，此作用能够成为机关单位积累档案的一种动力。档案对机关作用的发挥直接影响着单位对档案积累的兴趣，作用越大，其档案积累的兴趣越高，反之则越低。最后，档案对机关的作用通常是在机关单位积累档案的过程中实现的。我国为数众多的档案室，是实现档案价值的第一地点，同时也是实现其第二价值的基础场所。

档案的第一价值实现到一定的程度，形成机关对这些档案利用的现实价值则逐渐淡化。也就是说，经过若干年后，机关保存的档案中虽然有些还时而需要利用，但其大部分对于机关工作来说已不再经常查考，而社会各方面的利用需要却日益突出。这时档案的作用，便冲破原有的形成单位而扩展到社会。至此，档案的价值过渡到社会作用的第二价值。

第二，档案的作用向多元化扩展。进入第二价值阶段的档案，其作用有三个主要特点：其一，档案发挥作用的范围扩大，利用者的数量和类型增多。其二，档案的作用向多元化发展：一方面表现在一份档案可能有多种用途；另一方面表现在原来档案的类型与利用者的角度，常常交错扩大。其三，档案的第二价值富有持久性。一般来讲，既对形成机关又对国家和社会有价值的档案，其作用是长远的，不仅不为时间所淘汰，而其价值往往与时间成正比，保存得越久，其价值也就越高。在档案管理中“高龄案卷应当受到尊重”的原则就是基于这一规律。

2. 档案行政作用弱化律和科学作用强化律

档案的使用领域，可以大致概括为行政领域和科学文化领域，人们把这种现象称为档案的行政作用和科学作用。古今中外的学者对档案的这两种作用有过许多论证。有人认为，档案是该国制度、政体和政权的衍生物，其行政作用是首要的；也有人认为，档案不是现行文件，其行政作用是次要的，而科学作用才是第一位的。大多数人认为档案具有行政和科学的双重作用。

3. 档案价值的共享律

档案作为一种特殊且重要的信息资源，同样也具备信息的可分享性，即接受信息的人可以通过接收信息的方式从而增加自身信息的总量，同时输出信息的人并不会因为信息的传出而减少自身信息的总量。输出和接收信息的人可以进行信息的共享，并且共享的过程可以无限制地进行下去，最终实现信息的全员、全社会共享。档案信息也是信息资源的一种，因此也同样具备分享性，同时档案信息还具备同时代的信息共享以及不同时代的信息共享。例如，档案馆（室）现存的档案信息，社会的各个组织或个人都可以根据自己的需要加以利用，不仅在当时可以发挥作用，同时也可以被后来人所利用。由此可以说明，档案信息的价值也同样具有共享性，前提是储存档案信息的载体和内容能够一直存在，那么档案的价值就能够一直不断地、重复地共享。根据档案信息的组成及作用范围，档案信息还具有多元性，即同一档案能够多次利用，其价值能够多方位实现。档案信息的管理人员可以将信息传递给需要的人群，最终实现信息的全民共享。

4. 档案价值的条件律

（1）档案管理水平。档案管理水平的高低是影响档案信息获取效率、利用效率、满足人们对信息需求、能够有效地获得档案信息的重要因素。总体而言，档案管理是国家及地区相关部门对档案信息管理工作的统一安排，统一组织、协调、监督、检查及指导的过程，其管理的主要内容包括管理制度的有效建立、完善、创新，档案运行机构网络的维修、管理、布局以及组织管理建设，档案部门法律法规、各项政策的制定和实施。

（2）档案管理条件。档案管理条件指档案的物质保管条件，是档案价值实现的物质基础。主要包括档案库房、装具（包括各种档案柜架等）；办公用房和技术用房（包括接待、整理、消毒、修裱用房等）；档案保护设备（包括防火、防盗设备，温湿度测量、控制设备，档案杀菌、杀虫设备，档案修裱设备等）；现代化办公设备（包括计算机、打印机、复印机、传真机等设备）。档案库房是现有档案和待接收档案存放的最基本保证；档案保护设备是保证档案安全，最大限度延长档案寿命的科学手段；接待用房是利用者到档案部门利用档案的基本场所；现代化办公设备尤其是计算机及相关设备是档案部门在网络世界提供档案信息的基础平台。档案的物质保管条件受社会经济条件制约，或是由社会经济发展水平决定的。无可置疑的是，档案物质保管条件好，就为档案价值实现奠定了物质基础；反之，就会影响档案价值的实现，甚至导致档案价值无法实现。

档案价值的实现对管理人员及用户的要求主要包括：首先，相关部门要承认社会发展对档案信息价值实现的影响效果。对工作的要求范围应满足国家既定的方针及发展的需求，不能超出国家现阶段无法实现的要求。其次，要结合现实条件对管理的影响，管理者要不断提升自身的价值及管理水平，要能够最大限度地提高档案的价值，同时还要满足社会对档案价值的需求。最后，要适当增加档案价值及作用的宣传力度，增加社会公众对档案信息的认识以及利用档案信息的意识，争取社会各界对档案信息的支持，为档案价值的实现创造一个良好的社会环境。

五、档案的形成

档案是由人们社会实践活动的副产品——文件直接转化而来的。文件的转化，档案的形成，自有它不可违背的客观规律揭示这种转化的基本原理，探究档案形成的规律，有助于对档案理解的深化，有助于提高档案管理的水平。

国家机关、社会组织和个人，在社会实践活动中，形成了各种载体形式的文件，这些文件在完成了特定的使命或者办理完毕之后，部分地向档案转化。这种转化绝非不同量的简单复现，而是甲事物向乙事物的飞跃，是一个由量变到质变的过程。对于这一转化过程，我们以文件完成运转、办理完毕为界点，分为前后两个阶段进行阐述。第一阶段我们称为自然转化阶段，第二阶段称为智能转化阶段。

自然转化阶段。处在运转办理过程中的文件，实际上从形式到内容都已经取得了档案的预备资格。这是因为，文件，作为人们处理事务、进行管理的工具，直接来源于人们的社会实践活动，同时它又带着特定的使命，直接参与了该活动的过程。有关该活动及其进程的全部本源信息被自然地、相对稳定地沉淀在一定的文件载体之上。因此，它不但具有现行的执行效用，而且指导和制约着社会实践的进行，还具有回溯反证历史的潜在效用，即能再现被它凝固了的历史活动，成为人们查考的真凭实据和历史记录。文件的现行效用，是文件得以形成并成为文件的直接根本动因。发挥现行效用是文件的根本目的和任务，因此，一般文件在办理完毕之前，它的现行效用，表现得特别突出和强烈。它的历史效用却处在一种潜伏、休眠、相对静止的状态中，不易为人觉察和理解。随文件办理完毕和现行效用的消失，历史效用才得以显露。文件的历史效用，是档案的根本效用，是决定文件之所以能够转化为档案的客观依据。由于它潜伏在文件自身，使文件从一开始就自然隐藏着档案的身份，这种身份的公开化，也就是说，文件的历史效用，从潜伏、休眠到显露的过程，正是文件向档案自然转化的过程。文件自然向档案转化还必须满足这样一个前提条件，即文件必须办理完毕。所谓办理完毕，指的是文书完成了处理程序或承办已告一段落。从一般文件效用来说，办理完毕就意味着文件现行效用的结束，历史效用的开始，只有办理完毕的文件，才有可能成为档案。

智能转化阶段。主要表现为对办理完毕的文件的鉴别筛选，系统整理(通常称为立卷归档)，从而使那些对日后实际工作和科学、历史研究具有查考利用价值的文件，完成向档案的最终转化，成为完全意义上的档案。同时，淘汰那些历史效用很小、不具查考利用价值的文件和没必要保存的重复文件。应该说，人们实践活动中形成的文件，都具有相应的历史效用，但并不是所有具有历史效用的文件，都一定能够转化成档案。这主要取决于文件历史效用对于日后工作和科学、历史研究的查考利用价值，凡是查考利用价值较大的文件，不仅有可能而且必须转化为档案。反过来说，查考利用价值很小，或者根本谈不上查考利用价值的文件，就没有转化的必要，也不能实现转化，它们总是被拒之于档案大门之外。比方，每次会议产生的通知、决议、报告、简报、纪要、录音、照片等，对于利用者了解该会议的基本情况，具有重大利用查考价值，它们必然会转化成档案；而关于与会者分组就餐及其有关注意事项等事务性文件，即使具有证实某些人同席就餐的历史效用，但它对日后工作和科学、历史研究没有什么价值，显然，它就没有必要，也根本不能转化成档案。文件的现行效用是从形成后就有的，而文件的日后查考利用价值，则是由它的历史效用能满足人们日后某种需要的程度和人们对这种效用的估价与预测决定的。前者是构成文件查考利用价值的客观基础，而后者则是主观前提。可见，要最后完成文件向档案的转化，不可避免地还要渗透进人们的意识。实际工作中，这就表现为人们对文件的鉴别，把日后没有查考利用价值或因重复而不值得保存的文件剔除，将有查考利用价值的文件进行系统整理，归档保存。通过这一程序，使文件产生时呈现的分散、杂乱等自然状态，变成更为系统的、条理化的档案文件。从形态来说，在第一阶段呈现出来的是自然转化形态。因为，人们的社会实践活动使文件一开始就自然地潜伏着历史效用，文件的形成同时也意味着档案物质载体的形成，因而，在不存在人的有意识的作用的情况下，文件就具备了转变成档案的内在条件。自然转化形态充分体现了文件成为档案的可能性。随着第一阶段的结束，第二阶段的开始，自然转化形态也相应地被“智能”转化形态取代。此时，在文件历史效用的严格制约下，人们通过科学预判分析，能动地选择处理，使那些应该成为档案的文件最终完成了转化，成为完全意义上的档案。智能转化形态决定了档案形成的现实性。

总之，档案由文件直接转化而来，这种转化的原理，就是档案形成原理。文秘档案工作者及其他有关人员必须掌握它，遵循它，否则，工作就会出现混乱和失误，可能把应归档的文件不去归档，不必归档的文件又当作档案保管起来，甚至犯“有文必档”或“有档不归”的错误。

第二节　档案管理

一、档案管理工作的性质和特点

（一）档案管理工作的性质

第一，从宏观角度上看，档案管理工作是国家科学文化事业的重要组成部分。档案记录的信息大部分是原始性的信息，具有存古、鉴古、资政的重要作用，是品鉴国家发展信息记忆、民族复兴记忆、社会发展记忆的重要资源及参考依据。因此，档案信息的管理工作必须对档案记录的信息进行收集、管理，妥善保管，要承担起记录历史和传承文化的责任。

第二，从微观的角度看，档案管理的工作是机关团体工作的各项管理中的一部分，具有辅助管理的性质。

第三，档案是历史文献的重要载体，其中记录了大量的历史史实和原始信息，这也使得档案管理工作成为文献信息管理系统的重要组成部分。随着人们对使用档案信息意识的增强，档案管理工作的内容在不断扩大，其开放的程度也在不断扩大，致使档案管理的工作重心从实体档案信息的管理转向档案信息的开发利用上。

（二）档案管理工作的特点

档案管理工作的特点有：①档案资源积累的缓慢性；②档案管理过程的阶段性；③档案管理活动对档案形成者的依附性；④档案管理工作对社

会的相对封闭性。

二、档案管理工作的组织体系

（一）档案室

档案室是社会公众组织成立的对档案信息统一保存和管理的内部机构，归属于单位内部管理。档案室的属性属于研究性咨询的专业机构，如机关档案室、学校档案室、企事业单位的档案室等。

1. 档案室的性质、作用和任务

（1）档案室的性质。主要包括：①档案室是机关的内部组织机构；②档案室是保存档案的过渡性机构；③档案室的主要任务是服务于本机关。

（2）档案室的作用。主要有：①档案室是机关内具有参谋和咨询作用的部门，为机关职能活动提供档案信息支持。②档案室是全国档案工作的基础。档案室是不断补充和积累国家档案资源的源泉。

2. 档案室的类型

（1）普通档案室。普通档案室通常也称机关档案室、文书档案室，它主要负责管理机关的党、政、工、团文书档案。这种档案室最为普遍。

（2）科技档案室。科技档案室是指保管科技档案和科技文件资料的专门档案机构。在工厂、设计院、科学技术研究院等单位一般都设有科技档案室。

（3）音像档案室。这是保存影片、照片、录音等特殊载体档案的档案室。电影公司、制片厂、新闻摄影部门、广播事业部门等单位一般都设有音像档案室。

（4）人事档案室。由于人事档案自身的特殊性，它一般与其他各类档案分开管理，有必要设置专门的人事档案室进行保管。

（5）综合档案室。这是统一管理本单位全部档案的综合性机构。它统一管理本机关形成的各种普通档案、专门档案和特殊载体的档案，在资源配置和信息综合开发利用方面具有突出的优势。

（6）联合档案室。同一地区，特别是同一市镇内的一些机关联合起来设立一个档案机构，负责保存和管理这些单位的档案，这种机构通常称为联合档案室。

（二）文件中心和档案寄存中心

1. 文件中心

文件中心是介于文件形成单位和档案馆之间的一种过渡性的档案管理机构，它是一种社会化、集约化和专业化的档案管理机构。

文件中心最早诞生于第二次世界大战时期的美国。其产生的主要原因在于文件数量激增与文件形成单位难以承担保管任务之间的矛盾。第二次世界大战期间，美国军事部门产生了大量的文件，这些文件办理完毕以后，积存在机关办公室给现行机关造成了空间的压力和管理的负担，为了妥善保管这些尚未到移交档案馆年限和未到销毁年限的半现行文件，美国海军部率先创立了一种新型的文件管理机构——文件中心，将已经过了现行期、使用次数不多但又未到移交档案馆年限的文件集中存放在造价较低的专门库房里。第二次世界大战以后，许多国家纷纷仿效美国的做法，设立了文件中心或类似的档案管理机构，如中间档案馆（加拿大）和过渡性档案馆（英国）等。

1988年甘肃省永靖县成立了我国第一个文件中心，并在不断摸索中总结出一整套文件中心运作和管理的方法。2000年通过的《全国档案事业发展“十五”计划》明确提出“研究建立基层文件中心的实施方案，在北京、青岛、深圳等地开展相应的试点工作。”据此，我国加强了建立文件中心的试点工作，出现了不少成功的案例，如青岛市崂山区文件中心、深圳市文件中心等。2002年4月26日经深圳市第三届人民代表大会常务委员会第十五次会议通过的《深圳经济特区档案与文件收集利用条例》第八条规定：“市、区政府设立的文件中心，是集中保管与提供利用同级机关、事业单位处理完毕的文件的机构。其主要职责：接收同级机关、事业单位处理完毕的文件；对接收的文件进行整理、鉴定和保管；向市或者区档案馆移交需长久保存的档案；向国家机关、社会组织及个人提供利用文件。”2002年10月，深圳市档案局文件管理中心正式成立，统一管理市民中心各单位移交的文件，各单位不再单独设立专门的档案管理机构。此外，北京市西城、宣武、海淀、石景山等区也相继建立了机关文档中心，实现了现行文件和档案的集中管理。

2. 档案寄存中心

所谓档案寄存中心是指由国家综合类档案管理部门或社会个人为法人代表成立的为企业、社会团体、个人提供档案信息有偿服务的信息类储存机构。它接收的档案主要来源于以下两种途径：一是不归属档案馆接收范围或不具备安全可靠保管条件的档案；二是个别企业、破产单位、个别社会团体以及公民等提供的档案信息。档案寄存中心所代为保管的档案信息的属性是不变的，依然归属于档案存储的主体，寄存中心只是提供寄存等相关的服务，只是保证所保存的档案信息的安全。例如，1998 年 10 月，在深圳设立了我国第一家档案寄存中心。

（三）档案馆

根据我国《档案法》和《档案法实施办法》中对档案馆的分类，我国档案馆可分为国家档案馆、专业档案馆、部门档案馆、大型企事业单位档案馆四大类。据统计，我国目前已经建成各级各类档案馆 3 816 个，馆藏档案近两亿卷（件）。其中，国家综合档案馆 3 046 个，国家专门档案馆 225 个，部门档案馆 142 个，企业档案馆 304 个，文化事业单位档案馆 40 个，科技事业单位档案馆 59 个。档案馆总建筑面积 466 万平方米，其中库房面积 257 万平方米。

1. 国家档案馆

所谓国家档案馆，可以分为各级别的国家档案馆，主要包括综合档案馆和文史档案馆，是归属于中央或地方各级档案管理部门直接管理的科学文化机构。

职能具体包括：接收与征集档案，科学地管理档案，积极地开展档案的利用工作，编辑出版档案史料。

2. 专业档案馆

所谓专业档案馆，主要是由专业系统档案馆和馆藏特殊载体档案馆组成的。例如，中国人民解放军档案馆、中国照片档案馆、中国电影资料馆等。

3. 部门档案馆

部门档案馆是国家有关部门专门建立的档案馆。如外交部档案馆、国家安全部档案馆，它们永久保管本部门及所属机构形成的全部档案，不需要向国家档案馆移交。中央国家司法部门如最高人民法院、最高人民检察院、公安部等，由于所形成的档案数量大，工作查考的周期长，也需要建立档案馆，保管本部门及其所属单位形成的档案。但其中需要永久保存的档案，在本部门档案馆保存 50 年后要向中央档案馆移交。

某些中央专业主管机关形成的专业性档案的数量大，技术性和专业性强，因此建立了部门专业档案馆，如国家海洋局海洋档案馆、国家气象局气象档案馆、邮电部档案馆、核工业部档案馆、化工部档案馆等。

4. 大型企事业单位档案馆

随着我国社会主义市场经济的发展，以及政府职能的转型，还出现了一些新的档案机构，如档案事务所，它主要提供档案用品及物资的经营服务和档案业务服务，实行商业化运营。此外，自 2002 年深圳市档案馆率先在全国正式设立“文档服务中心”以来，全国各地县级以上综合性档案馆纷纷响应，在档案馆内设置“现行文件利用中心”，产生了广泛的社会影响。档案馆“现行文件利用中心”是适应我国政府信息公开和政治文明建设的需要而设立的一种新型的文件管理机构，主要为社会公众提供非涉密的政策、法规及各类现行、半现行文件的查询阅览服务，它对于推动政府信息公开活动的深入开展，扩展档案馆的社会服务功能具有重要作用。2007 年 4 月 5 日颁布的《政府信息公开条例》第十六条规定，“各级人民政府应当在国家档案馆设置政府信息查阅场所，并配备相应的设施、设备，为公民、法人或者其他组织获取政府信息提供便利”，确认了档案馆“现行文件利用中心”的法律地位。

第三节　档 案 学

一、档案学的研究对象

在档案学研究对象的表述上，国内对档案学研究对象的代表性观点有：

第一，以档案和档案工作为研究对象。持这种观点的学者认为，档案和档案工作是指管理档案和提供档案信息为社会实践服务的一项业务系统。

第二，以档案、档案工作和档案事业为研究对象。持这种观点的学者认为，档案学是探索研究档案、档案工作和档案事业的结构、功能、运动规律及与其相关学科相互关系的一门科学。

第三，以档案、档案工作、档案事业和档案学本身为研究对象。持该观点的学者认为“档案学是研究档案、档案工作、档案事业和档案学科产生、形成及发展规律的一门科学”。

上述观点中，前两种观点表述都较为片面，它们把档案学排除在档案学研究对象之外。不可否认，档案和档案工作的确属于档案学的研究对象，而且是主要的研究对象，但不等于档案学研究对象的全部。档案学不仅要研究档案和档案工作，而且要研究档案学本身，还要研究其他方面。后来学者认识到该点不足，从而把档案学的研究对象确定为档案、档案工作、档案事业和档案学。

尽管第三种观点将档案学的研究对象包括得较为全面，但诸如档案工作者的档案意识、档案教育等一些包含在档案学研究对象范围内的方方面面还未被纳入现有档案学研究对象的范畴。在经济学界，人们普遍认为经济学就是研究各种经济关系及经济活动规律的科学；在法学界流行的看法是，法学就是研究法律现象的科学。从经济学界和法学界对各自研究对象的表述可以发现一个共同特点，即把导致与学科相应的社会职业或工作产生的现象作为学科研究的对象加以概括和表述，避免了对学科研究对象方方面面的罗列而导致不能穷尽研究对象范围内的一切现象的问题。与此同理，在档案学研究对象的定义中，我们认为，档案工作、档案学、档案工作者、档案意识、档案教育等的存在都是由于档案现象的存在而引起的。因此，定义档案学的研究对象时可主要保留档案现象作为档案学的研究对象，即档案学的研究对象是档案现象及其本质规律。

通过对档案学研究对象问题的深入研究，将原本属于档案学研究对象范围，但却被遗忘或排斥在此范围之外的档案学本身重新纳入档案学的研究范畴，这将有利于促进档案学本身的研究。

二、档案学的研究任务

档案学的任务是由档案学的研究对象、档案学自身发展以及社会需要决定的。概括来说，档案学的研究任务是：在研究和揭示档案现象的本质和规律上，根据实际的档案管理总结出档案管理的经验并上升到可指导实际操作的理论层面，从而进一步提高档案事业发展水平，更好地为社会实践服务，进而促进整个档案学的发展和完善，为社会总体科学的进步作出应有的贡献。

根据我国档案学建设的现状，档案学应用理论层次研究较多，取得了一定的成果，但是对档案学的基础理论研究和应用技术研究重视不足。信息时代的到来，学科发展的综合化，使我国的档案学建设又面临着新的挑战。所以，档案学除了需要加强和巩固已有的研究领域外还应积极研究新的档案现象，不断拓展档案学的研究领域和空间。

三、档案学的学科属性

档案学的学科属性问题由来已久，至今仍是档案学界观点分歧颇大的领域。这种分歧表明档案学现在仍是一门发展中的学科。

（一）档案学学科属性的各种观点

由于不同时代的哲学家和科学家受到科学发展水平的影响和世界观的制约，所以主张的科学分类思想具有明显的时代性，分类标准亦有区别。反映在档案学科属性的分类上，目前对于该问题具有代表性的几种主要观点是：

（1）档案学仍然属于社会科学。

（2）档案学是一门介于社会科学、自然科学、技术科学之间的综合性、交叉性科学。

（3）档案学基本上仍是社会科学，但从其发展来看，还应是属于社会科学和自然科学之间的边缘学科或综合性学科。

（4）档案学是一门管理性质的应用科学，它既非社会科学也非自然科学，而是一种新的学科范畴。

我们接受不同观念背景下档案学属性呈现多元性的事实，但在同一观念背景下定义档案学的学科属性是违背逻辑规则的。这种性质界定的随意性无法明确阐述档案学的学科属性。我们认为，档案学学科属性上既不属于边缘学科也不属于综合性学科。现代许多新的边缘学科已经突破了原来意义上的边缘学科的狭义性质，从而成为“大边缘学科”，如“物理生物化学”。尽管边缘学科的概念仍在变化发展之中，但这并不妨碍我们把握它的本质：只有在两门或两门以上成熟学科之间才能产生完整意义上的边缘学科。

假设将档案学归属于边缘学科，那么档案学就必须要满足一个成为边缘学科的基本的条件，即档案学必须由两门或者两门以上的成熟学科的知识交叉后形成的。但是，从档案学的研究形式和现象看，档案学是以其固有的独立的研究对象为基础而存在的一门独立学科，是与经济学、物理学、化学等学科相同的基础学科，而并不是其他学科综合交叉而形成的，因此档案学不能称之为边缘学科。当然，随着科学技术的发展及各学科之间的融合等情况的出现，档案学内部或者与之相关的学科之间进行交叉后产生边缘学科的可能性也是存在的。例如，随着档案学研究领域的扩大，所研究事实内容的不断深入，在一定的条件下有产生边缘学科的可能，如档案社会学、档案经济学等。但是类似于这样的边缘学科实质上是档案学内部的一个分支学科，与档案学所在的学科层次是不同的。综上所述，档案学在学科属性上是不属于边缘学科的。

综合性学科指的是在研究系列综合性问题的基础上发展起来的学科，如环境科学、能源科学等。综合性学科的形成途径是多样的，主要有：第一，对某种复杂的客观现象从多学科角度进行研究而产生。第二，对某一学科中的重大理论问题运用多学科知识加以探索而形成。尽管综合性学科与边缘性学科一样，其概念也在发展变化之中，但可以确定的是综合性学科必须由多门成熟学科相联合而形成。由于档案学并不是由多门成熟学科相联合而形成的，不能把档案学改变成为综合性学科。原因如下：第一，档案现象虽然复杂，但作为一门独立学科的档案学具有独立的研究对象。第二，尽管档案学内部一些重大理论问题需要进行多学科的研究，但档案学不会因此而相应变成综合性学科。

（二）档案学是一门社会科学

排除了档案学是边缘性学科或综合性学科的观点，我们认为档案学属于社会科学。

1. 学科属性的判断标准与档案学的学科属性

关于这一点，丁海斌教授明确提出：“学科属类的划分以研究对象为判断根据，每个学科都有其特定的研究对象。”其实划分学科属性与类别的方法是十分简单的，即客体决定论。既然承认档案学的对象（客体）是档案现象，而档案现象是社会现象，档案是人类社会活动的产物，档案管理作为一种职业属于人类的社会活动，因此，档案学就十分明显地具有社会科学的属性。就档案学本身而言，它的研究对象是档案现象及其本质规律；而在实践中，研究对象的实在形态是档案、档案工作和档案事业。众所周知，档案既产生于人们的社会实践活动，又反映着人们的社会实践活动，还作用于人们的社会实践活动；档案工作，是管理和提供档案为人们的社会实践活动服务的一项社会性活动；档案事业，则是通过档案行政管理工作、机关档案工作、档案馆工作、档案教育工作、档案科学研究工作、档案学术交流与评估工作、档案宣传出版工作和档案外事工作等工作的开展，不仅体现着档案工作者和档案用户之间的关系，还体现着档案工作、档案事业与社会大环境、大系统之间的相互关系，体现着从一个侧面反映具有广泛意义的人与人之间的社会交往关系，是在更大范围内、更高层次上的社会性活动。应当说，这些是决定档案学属于社会科学的主要原因。

2. 社会对档案学科属性的认定

就国家及社会各界对档案学的学科性质的客观评述和认定而言，档案学也是属于社会科学的范畴。中华人民共和国成立后，国务院科学规划委员会、中国社会科学院规划办公室、国家档案局等权威机构均出台相关文件对档案学的学科性质进行了客观评述。如国务院科学规划委员会制定的《1956—1967 年哲学社会科学规划纲要》（草案），首次将档案学列为其中的独立科学项目；《“六五”（1981—1985 年）国民经济和社会发展计划》中的“关于哲学社会科学部分”充分体现了国家对档案学作为社会科学的重要组成部分之一的学科性质的再次认定；中国社会科学院规划办公室主持制定了《档案学八年（1978—1985）规划》（草案）；在中国社会科学院的统一部署下，国家档案局主持制定了《“七五”（1986—1990 年）档案学发展规划》。以上事实清楚地表明，社会科学界将档案学明确地认定为社会科学的重要组成部分。

此外，20 世纪 80 年代末、90 年代初，《中国大百科全书·档案馆学情报学档案学》《当代中国的档案事业》《中国档案年鉴》《档案学词典》《当代中国社会科学手册》《哲学社会科学研究现状和发展——高校“七五”科研规划咨询报告》等重要工具书的编写、出版，表明了我国文化界、教育界、出版界对档案学源于社会科学的学科性质的认同。

3. 自然科学向档案学的渗透并没有改变档案学的社会科学属性

（1）从渗透过程对渗透效果的影响来看，自然科学对档案学的渗透从低层次至高层次呈现一种困难不断加剧的总体趋向。档案学的不少方面如价值观、理论属性等问题是自然科学无法渗透的；档案学对作为社会现象的档案现象及其本质规律的揭示这一本质并没有因自然科学的渗透而根本改变。

（2）从渗透效果对档案学学科属性的影响来看，虽然在自然科学的渗透之下档案学发生了许多变化，但它不影响档案学学科属性的稳定及其存在价值。最后，档案学的发展变化仍遵循着独立的运动轨迹，处于一种缓慢的发展状态中并保持其独有的社会功能，这一独立的发展运动轨迹及特有的社会功能，无论自然科学如何渗透都是难以改变的。

总而言之，档案学作为开放的学科体系，在科学技术高速发展的今天，不仅不能拒绝自然科学的渗透，而且也要接受社会科学其他学科的渗透。但在接受外来学科渗透的同时，档案学需要保持本学科的独立性。这就要求档案学理论工作者在接受自然科学渗透的同时，更有责任去弘扬档案学的精神。

四、档案学的学科特点

（一）综合性和系统性

档案学的综合性体现在其研究对象、研究内容和研究方法所具有的综合性特征上。

档案学的研究对象包括档案现象及其本质和规律。档案、档案工作、档案事业、档案学、档案工作者、档案意识、档案教育等的存在都是由于档案现象的存在而产生的。从根本上说，档案现象具有广阔性和包容性，而这正是其综合性特征的表现。档案被称为一个社会的记忆工程，包含万千社会信息，档案信息的综合性，反映到以它为研究对象之一的档案上，决定了档案学的综合性。档案工作是档案学的另一个研究对象，档案工作的核心问题就是科学管理，而人类社会的管理活动均具有双重性，即社会属性和自然属性。档案学必须努力探索有关文件和档案管理的内在特点与客观规律，因而，档案学也具有综合性的特征。

档案学研究对象的综合性，决定了其研究内容和研究方法也具有综合性档案学研究内容的综合性，首先表现在其学科内容在整体上是自然科学与社会科学两大学科领域中的相关学科相互交叉、渗透的产物。从档案学的各门分支学科的具体内容看，它们都有各自的学科特点。如档案学的理论研究部分具有明显的社会科学属性，而档案缩微技术、保护技术、实用计算机技术、网络通信技术等方面的分支学科却具有明显的自然科学属性。档案学中的某些分支学科是以研究和揭示社会活动特点和规律为主要任务的，某些分支学科是以研究和揭示自然规律和本质为主要任务的，某些学科则承担着双重的研究任务。档案学研究内容的综合性，还表现在档案学具有广泛的外部联系。档案学在其发展过程中容纳和吸收了许多相关学科的理论成果和技术方法，其中既涉及哲学、史学、档案馆学、情报学、信息学、社会学、法学、史料学等社会科学，也涉及物理学、化学、生物学、气象学、建筑学、计算机学等自然科学。档案学研究方法的综合性，主要表现在档案学研究方法体系具有开放性，它广泛借鉴、移植和运用其他许多相关学科的研究方法。无论是社会调查法等社会科学研究方法，还是实验方法等普遍运用于自然科学各学科的研究方法，都可运用于档案学的研究。

档案学研究对象、研究内容和研究方法的综合性并不代表档案学是零散的、杂乱的、各不相干的知识堆砌，它是系统性的知识。“用系统论的观点来看，档案科学也是一个系统。档案学是由相互关联的若干分支学科组成的，每门分支学科又是由互相关联的科学概念、原则、方法组成的有逻辑系统的有机整体。”

（二）实践性和理论性

作为一门应用性学科，档案学侧重于对一些具体的科学管理理论、方法和应用技术的研究。档案学发展过程中，许多基础理论的研究也大多是带有根本性的实际问题的理论研究。例如，档案价值理论的研究是为了建立档案价值鉴定理论，而档案价值鉴定理论是指导档案鉴定实践的理论。对文件和档案运动规律的研究，是为了更好地组织建设文件、档案管理系统等。档案学的理论认识是否具有真理性，是否具有指导实践的意义，只有通过广泛的档案工作实践的检验，才能得到证明。此外，随着信息技术的革新，档案学理论建设一定要跟上时代发展的步伐，及时修正过时的理论思想与方法体系，注重档案学理论建设的前瞻性和预见性。

（三）技术性和实用性

档案学研究的主要内容的特征为技术性与实用性，也就是说档案学在具有科学认知作用的同时还具有与其相关的明显的职业特征。追根溯源，档案学的产生就是从职业技能训练中发展出来的，因此，从某种意义上说，职业技术技能的训练是推动档案学成熟和完善的基础动力和动因。由此可以得出，要想能够胜任档案管理工作，则必须具有一系列的职业技能，如档案信息的收集、档案信息的管理、固定档案的传递、特殊档案的咨询工作等专门的技能，同时，工作人员还必须研究为用户提供良好服务的方式，以及档案管理技术的改革与创新、档案管理工作的方法与技术的创新等。随着现代科学技术的发展，各种先进的管理技术与操作技术融入了档案管理的过程中，使得传统的档案工作技术和方法有了很大的变化，许多现代科技理念、方法和技术渗透到了档案学知识体系中，使档案学更具现代技术的气息。

（四）发展性和包容性

档案学的发展性主要是指现阶段档案学研究的范围不断扩大，研究内容不断丰富并向纵深发展。而档案学的发展动力则是由社会公众对档案学的需求所决定的。随着人们对档案信息需求的增多，致使档案学研究的内容和范围不断地扩大和深入，由此也产生了许多档案学的分支学科，使整个档案学的学科体系不断完善。同时社会的进步、科学技术迅速发展，使档案学所涉及的范围不断扩充，使档案学管理的技术不断地更新，使档案学的知识容量更具发挥性和包容性。如传统档案研究领域，仅限于对档案工作中具体业务内容的研究；而信息时代的档案学研究范围除对档案学的一般原理和规律、对档案工作的管理原则与方法手段的研究外，还扩展到对各种类型档案的管理方法和技术、对档案信息管理理论和信息技术、对档案与社会、档案与人类关系以及对与档案保护、档案缩微复制等有关的自然科学应用技术的研究。因此，档案学的学科体系是开放的且处于不断发展变化、充实并逐步完善的过程之中。

第二章 高校档案

第一节 高校档案概述

一、高校档案的定义

高校档案是高校各项工作的真实历史记录，是广大教职员工在教学、科研、管理、生产各项活动中形成的宝贵财富，它全面、准确地反映了高校工作的面貌和特色，也从侧面反映了我国教育事业的发展情况。高校档案在总结教育工作的经验教训、探索与掌握教育工作的规律方面，编写学校发展史、维护学校和教学及科技人员的合法权益方面，都具有巨大的作用。

档案是高校各项管理工作的组成部分，高校工作的顺利进行离不开档案。它的含义主要包括形成范围、形成特性、形态特征等三个方面。

二、高校档案的特点与作用

（一）高校档案的特点

1. 系统性

高等学校内部机构庞杂，形成的档案门类也比较多，数量也很大，但学校体制比较健全，层次清楚，运转协调，日常工作已经形成了固有的规律，所有的工作都是在校园内部进行的，因此，形成的档案信息也是比较完整、系统的。这一特点表现出了高校档案具有良好的发展条件。

2. 综合性

高等学校的职能部门在各自的职责中形成和积累了大量的档案资料，

主要包括人才培养过程中的全部资料，科研过程中取得的应用成果、理论成果材料，学校领导进行决策采取的各种措施和制定的各种规章制度，开展国际、国内科研交流和社会活动形成的文字和其他载体的材料等，按照《普通高等学校档案管理办法》规定，可以将这些材料分为党政管理类、科研类、教学类、基建类、设备类、外事类、财会类等，有的学校还建立了音像档案、名人档案等。总之，高等学校的档案材料范围广、门类多，因此高校档案具有综合性和广泛性的特点。这一特点表现出高校档案的管理任务较重，要强化科学管理。

3. 社会性

高校所培养的人才，最终走向社会。高校积累了培养造就人才过程的档案材料，反映了学生的学业、学历、文体生活和思想修养、政治素质情况。高校开展的科研活动来自社会，研究成果服务于社会，高校保存了科研项目和产品的研究试验、试制全过程、成果的鉴定和技术转让等档案材料。高校保存的这些档案材料，决定了高校与社会联系的紧密性。

（二）高校档案的作用

高校档案在高校招生、教学、科研、管理、编史修志及为社会提供信息等方面都有着重要作用。

1. 在招生和向社会输送人才方面的作用

高校在招生时，要以该校历年招生工作档案作为依据和参考外，还要对招收对象的个人档案进行查阅，全面了解学生的情况，来决定是否招录。学生在学校的各种表现，被学校记录到学生档案中，从而为用人单位提供依据。

2. 在教学工作中的作用

在教学实践、教学研究、教学管理等工作中，离不开对档案的利用。教师一般要通过对以往教学档案的利用，不断地总结经验，进而使教学质量得到保证和提高。此外，教学档案也是学校和教育系统进行教学评估的重要依据。

3. 在科研工作中的作用

科研课题的立项审批和结题，都要以相关的档案作为依据或参考，尤其是以往的科研中形成的相关课题档案更是新的研究课题利用的重点。高校科研档案是开展新课题研究的依据，不仅供校内科研人员利用，还对校际乃至国际科学技术领域的开拓创新提供参考。

4. 在高校建设中的作用

基建档案是高校各项建筑工程兴建、扩建、改建和工程维护管理的重要依据。完整、系统、准确的基建档案，能够保证高校内各种建筑工程兴建、扩建、改建和工程维护管理顺利进行。

5. 在学校管理中的作用

学校管理方面的档案，在学校各项管理工作中具有重大作用。高校在各项管理工作中，制定和执行某一方面的规章制度，或是印证和处理某种历史问题和现实问题，都要借鉴历史，以历史记录为凭证。

6. 在维护仪器设备和产品生产中的作用

高校购进的各种高价格的精密、贵重、稀缺仪器设备在使用和维护中必须利用设备档案。在进行产学研的过程中，一般要利用产品的样品或样品照片、录像等档案材料。

7. 在编史修志工作中的作用

编史修志工作是高校的一项重要任务，为了保证这项工作的顺利进行，必须充分利用和依据高校各类档案和相关的参考资料。

综合以上高校档案在各方面的作用，可以概括出高校档案的作用主要体现在凭证作用和参考作用两方面。高校档案的这两方面作用既有区别又有联系，因此有的学者说："许多档案既有凭证作用又有参考作用，利用人员不同，需要处理的问题不同，则档案所起的作用就会不同。各种档案的凭证作用和参考作用的大小也是有区别的，并且会随着岁月的推移而改变。"

三、高校档案的分类

（一）分类的原则

为了适应高等学校档案工作日益发展的需要，统一全国高等学校的档案分类，实现高等学校档案分类的标准化和规范化，达到加强高等学校档案和档案工作的科学管理，促进整体业务建设的深化，充分发挥高校档案的作用，更好地为学校工作和社会主义建设服务，因此高校档案的分类要具有较强的思想性、科学性、适用性。

1. 思想性

高校档案分类的体系结构和类目设置，都要以辩证唯物主义为指导，以国家的有关档案工作的法规标准为依据。

2. 科学性

各项内容既要实事求是，符合高等学校档案工作的实际，又要遵循档案学基础理论和形式逻辑原则，在理论和实践的结合方面，有较强的科学性。

3. 适用性

在原则统一的同时，要照顾不同类型、规模、层次院校的特点。根据各校档案的实际情况和发展水平，采用多元和灵活的处理方法，给各校在类目设置上以较多的自由度，留有较大的余地。

（二）具体分类

1. 党群类

主要包括学校党群部门在工作中形成的文件材料。

2. 行政类

主要包括行政职能部门（教务、科研、开发、基建、设备、外事、财务等部门除外）工作中形成的文件材料。

3. 教学类

主要包括教学管理和教学实践活动中形成的文件材料。

4. 科学研究类

主要包括科学研究管理和科研实践活动过程中形成的文件材料。

5. 产品生产与科技开发类

主要包括产品生产、科技开发管理及活动过程中形成的文件材料。

6. 基本建设类

主要包括基本建设管理和项目建设中形成的文件材料。

7. 仪器设备类

主要包括仪器设备工作管理和仪器设备申请购置、开箱验收、安装调试、管理使用、维修改造、申请报废各个环节中形成的文件材料。

8. 出版类

主要包括出版工作管理和出版活动过程中形成的文件材料。

9. 外事类

主要包括外事工作管理和外事活动中形成的各种文件材料。

10. 财会类

主要包括财务工作管理和会计核算活动中形成的文件材料。

以上的分类属于一级类目，还可以设置二级类目和三级类目。二级类目是对一级类目的细分，三级类目是对二级类目的细分。二级类目和三级类目，各高校可根据本校的具体情况，自行决定和设置。

四、高校档案的收集与移交

（一）历史档案的征集

根据国家档案局提出的“以人为本”的理念和注重保存反映本单位职能活动和历史面貌的文件材料的精神，高校档案馆应当采取各种有效措施，对分散在个人、社会组织或机构单位中的与本校教学、科研、管理等活动有关的各种档案史料进行广泛征集，以满足学校和社会各个方面对档案利用的需要。历史档案征集工作是高校档案馆收集工作的一项重要内容，也是高校档案馆丰富馆藏资源的重要途径。其征集的制度和办法主要依据是《中华人民共和国档案法》和《高等学校档案管理办法》。

高校档案收集的要求是收集的档案必须齐全、完整，收集的档案必须要进行规范整理，要重点关注学校重要活动档案的收集，收集的档案要达到标准化要求，要注意收集与本校档案直接有关的资料。

（二）高校档案收集的措施和方法

1. 高校档案收集的措施

建立健全立卷归档制度；提高档案收集工作人员的素质，拓宽电子文件的收集渠道；建立督促检查机制，运用经济和行政手段，严把档案收集关，要有良性的激励机制，还要通过学校督办部门签发督办单进行督办。

2. 高校档案收集的方法

（1）定期集中收集法。就是学校各部门将具有保存价值的文件材料，按照规定时间向学校档案馆归档移交。这是高校普遍采用的方法。

（2）追踪收集法。主要是对非常规性工作所形成的档案材料或常规性工作遗漏的档案材料的一种随机性收集方法。

（3）超前导入收集法。主要针对的是学校档案部门对某些文件材料归档前发生归档者责任变更时，超前接收管理并按归档时间归档，避免档案收集工作中的脱节，造成档案材料的遗失或归档不合要求。

（4）监控收集法。主要用于收集设备开箱验收、房屋竣工验收、科研成果鉴定、产品试制与成果鉴定等，送审的论文、著作、科研成果等，本校人员外出参加的各种重要会议、学术活动、考察等方面的文件材料。

（5）广告收集法。就是通过各种媒体和网络，刊登或发布征集历史档案广告来征集历史档案和历史资料的一种方法。

（6）信誉收集法。主要是指学校档案部门认真履行职责，以优质、高效的工作信誉赢得全校教职员工，尤其是学校各部门兼职档案人员和文书人员的信任和支持，促使他们积极主动地将归档的文件材料移交到档案馆归档，从而取得档案收集工作的最佳效果。

（三）高校档案的移交

（1）档案馆工作人员要按要求，督促各立卷部门和课题组按要求及时移交档案，并认真做好分类别档案的接收工作。

（2）各立卷部门应将各自职能活动中形成的对学校或社会有保存价值的档案材料分类组卷，经检查合格后按时向档案馆移交。

（3）为保证移交进馆档案的质量，档案馆有关人员应对立卷部门专职或兼职的档案人员进行立卷业务指导，并在档案移交时，对归档材料进行案卷质量检查，对不合格的归档材料提出改正要求，由立卷人改正后再办理移交手续。

五、高校档案的整理和立卷

（一）高校档案的整理

高校档案的整理是一项基础性工作，只有对档案进行科学的整理，才能使档案的保管、利用、开放创造条件。

1. 定义

高校档案整理是将收集移交进档案馆的文件材料或档案进行分类、划分保管期限、组卷、排列、编号、装订、编目、上架、编写《立档单位与全宗说明》使之系统化、条理化的过程。高校档案管理工作可以分为前期归档文件材料的整理和后期档案馆对已经入库档案的整理两个阶段。

高校档案整理工作内容又可分为系统化和基本编目两大部分。系统化即通过对档案内容与形成特征进行科学分析和综合，使之成为具有密切联系的有机整体，能反映学校主要职能活动的历史面貌。基本编目是揭示和反映档案内容和形式的特征，固定档案系统化的秩序，具体包括卷内文件目录、案卷封面的编目和案卷目录的编制。

2. 原则

档案整理的原则是在整理档案的过程中必须遵循的准则，也就是整理各门类档案总的质量要求。

（1）归档文件整理的原则：①遵循文件材料的形成规律；②保持文件之间的有机联系；③区别文件的不同价值；④便于保管和利用。

（2）档案馆档案整理的原则：①全宗整理；②充分利用原整理基础。

3. 意义

档案整理工作具有重要意义，对高校档案管理工作的其他环节都有直接的影响。

（1）档案整理是高校档案信息化建设的基础。一是对纸质档案的整理，为实现案卷集或文件级目录的数字化和档案全文数字化打下了基础；二是对电子文件的整理，为建立目录数据库、全文数据库以及文档数据库创造了条件。

（2）档案整理是档案提供利用的前提。档案经过系统的整理后，档案管理人员能够及时地为教职工和学生提供所需的档案。

（3）档案整理便于档案的鉴定、保管、统计、检索和编研。系统整理之后的档案，便于档案的鉴定、保管、统计、检索和编研等环节工作的开展。

（二）高校档案的立卷

1. 部门立卷制度的重要性

第一，部门立卷制度可以保证文件材料的自然形成规律，充分体现归档文件材料的历史联系；第二，部门立卷制度可以加强部门对文件材料的保管意识；第三，部门立卷制度可以有效地控制文件数量；第四，部门立卷制度可以推动高校档案信息资源的开发利用。

2. 立卷方法

立卷方法主要是以自然件为单位，逐件整理归档。可以按照年度、级别、机构、问题、期限等进行划分。

3. 卷内文件的排列顺序

卷内文件材料按照文号、重要程度或时间顺序排列；同一件文件材料按照正件在前，附件在后，正本在前，定稿在后，结论、决定、判决性材料在前，依据性材料在后的顺序排列；同一年度、同一问题的请示与批复排列在一起，批复在前，请示在后，批复与其请示不在同一年度的，可分别归档，但必须在备注栏注明参见号；其他文件材料按照文号或时间顺序排列。

4. 卷内编号

卷内文件凡有文字和图表的画面，应一面编写一个页号，空白面不编号。起止页号，除最后一份文件需要填写起止页号外，其余的文件只填写首页号。

5. 检查案卷质量

检查卷内的文件是否齐全、完整；检查卷内文件之间的联系；检查归档的文件材料是否加盖公章，需要签名的地方是否漏签；检查案卷文件的数量，一般不超过 200 页；检查保管期限、密级划分是否恰当；检查文件材料中是否有圆珠笔、铅笔等字迹；检查卷内文件分类组卷是否清楚合理，卷内文件编号有无错漏现象，等等。

6. 案卷的装订

装订案卷时，要先去掉文件材料上的金属物，对破损的文件要进行修补裱糊，纸张大小不统一的，应按照标准公文加宽、加长，对于易退化的永久保管文件要复制，装订时做到不漏装，不订在文字上，要使案卷结实、整齐、美观。

六、高校档案的保管与利用

（一）高校档案的保管

1. 高校档案的保管内容

高校档案的保管内容主要有四个方面：一是根据国家对档案保护环境

的要求，对档案库房及库房内的环境和设施进行管理；二是对库房内档案科学管理的日常工作；三是对档案流动过程中在各个环节中的一般安全防护；四是对破损的档案采取一定的技术手段和措施进行修补和复制，以延长档案的寿命。

2. 高校档案保管的原则

高校档案保管的原则主要有四个原则：一是按照全宗和专业类项进行保管；二是以防为主，防治结合；三是以便于利用为保管的最终目的；四是保护重点，兼顾一般。

3. 高校档案保管的意义

档案保管工作在整个档案工作中具有重要意义。第一，档案保管工作是延长档案寿命，维护档案真实面貌和安全的根本保证；第二，档案保管在高校档案业务工作中占有十分重要的地位，只有重视这项工作，才能保证高校档案的完整与安全，便于档案的利用。

（二）高校档案的开发利用

1. 高校档案开发利用的特点

高校档案的开发利用主要有四个特点：一是高校档案的开发利用要以为学校开展各项工作创造条件，进而提高工作效率，提高社会效益，同时兼顾经济效益，因此具有目的性和效益性；二是开发利用与档案积累是相辅相成，同步发展的，因此具有同步性；三是高校档案利用的范围和程度是一个由近及远、由内及外、由小到大、由少到多的扩展过程，因此具有渐进性；四是高校档案的开发利用是一个动态的双向的信息交流过程，是以双方及时的信息反馈为基础，因此具有信息反馈性。

2. 高校档案开发利用的法规依据

高校档案开发利用的重要措施就是加强法制建设，依法开发利用档案信息资源。高校档案是国家的宝贵财富，具有一定的机密性和内向性，这就决定了对它的开发利用有一定的限制，不是随意利用的。因此，高校档案信息资源的开发利用必须按照《中华人民共和国档案法》《高等学校档案管理办法》及有关法规、规范为依据。

第二节　高校档案的编研与鉴定

一、高校档案的编研

档案编研是通过对档案的分析研究，按照一定的主题，对档案材料进行排列、组合、摘编、汇集等，编印各种档案参考材料或专题著述的一种工作。高校档案管理的编研指的是高校档案馆（室）的编研工作，为满足社会各界利用档案的需要，以馆（室）藏档案为主要对象，在研究档案内容的基础上，对档案史料与原件进行不同程度的整理与加工，方便报道档案信息和社会查阅档案的活动。包括编辑史料，编写档案参考资料，参加编史修志，撰写专门著述等。

（一）高校档案编研的特点

高校档案编研是一项具有科学研究性质的工作，其主要任务是对高校档案馆（室）的史料加工整理后为社会各界利用档案提供便利。档案编研具有以下三个特点：

1. 高校档案编研内容的客观真实性

档案编研从前期的馆（室）史料到内容的研究、整理加工到最后的编写都体现出档案编研最大的特点就是客观真实性。首先，档案编研是以现有馆（室）典藏档案原件或复制件为基础，尊重历史、维护历史的本来面貌，突出了档案编研来源的真实性；其次，在熟悉研究档案内容的基础上，对馆（室）档案进行重新编排与整理，档案工作者在这其中本着实事求是正确反映历史，不溢美、不隐恶，不用现在的观点加以修改和补充，在编排中不掺杂个人主观因素，强调的是档案编研的客观性；最后，对研究整理的内容进行编写时，史料运用注明出处，依据不详者不选用，历史概念、事实陈述准确无误。

2. 高校档案编研工作的主动性、前瞻性

档案编研是供人们方便检索资料，其工作可以说是一项主观能动性工作，强调档案工作者的主动性。馆（室）档案浩如烟海，其数量之多、类型之广、质量参差不齐，这就决定档案工作者要合理地安排时间对现存档案进行合理的、规律性的翻阅与编排，以便于及时有效地组织人员进行档

案编研工作。档案编研的主要目的是满足社会各界利用档案的需要，帮助人们查阅史料、节省时间，这也间接要求档案编研工作活动的主动性与前瞻性，要分门别类地对档案进行编研而不是等到人们需要时才进行档案参考材料、历史研究、编史修志、档案文集、档案史料的编撰。

3. 高校档案编研内容的充实性、系统性

档案编研强调内容丰富、材料翔实，与编写题目相关的档案材料收集齐全，选用的史料要全面系统地反映事物的发生、发展、变化、终结的过程；同时在证实历史事件时既有主证又有旁证作为支撑；档案编研内容和编排按照内在联系组成一个有机整体、划分章节，内容具有条理性、逻辑性、连贯性，使史料或汇编形成内容充实的好“素材”，使查阅者查找资料得心应手。

（二）高校档案编研的内容

从我国当前档案工作实践及今后的发展趋势看，我国的高校档案的编研主要有三个方面的内容：

1. 在熟悉和研究档案内容的基础上，编写各种类型档案的参考资料

高校档案编研工作是对馆（室）档案进行了解和熟悉，并对各种档案内容系统研究后，进而对档案原件和复制件整理加工形成可供人们方便查阅的“素材”。突出的是“研”的基础上的“编”写的素材，有助于缩短社会各界翻阅大量分散的文献档案的时间，为直接查阅相关档案提供便利的查找线索，强调系统化。

2. 汇编现行机关档案文集和编撰档案史料

按照作者、专题、时间、文种等特点，将馆（室）档案材料整理编写成册，在不同机关范围内使用或公开出版。如汇编现行机关档案文集指的是满足机关部门的日常管理工作和科研工作需要而编写的重要会议文件汇编、专题档案史料汇编、政策法规汇编等。

3. 以档案馆（室）档案为基础，参加历史研究和编史修志，撰写专门文章和著作

古代的档案工作者就是历史研究者，在管理档案的同时进行相关历史的研究与整理。因此档案管理者从事历史研究是我国档案工作的优良传统。但新时代档案工作者与历史研究者分工明确却又紧密联系。档案馆作为历史材料基地，仍需进行一定的历史研究，深入地掌握档案史料的内容，以便于向社会传播档案信息，这就需要历史研究者和档案管理者的紧密配合。但须注意的是，档案馆（室）的历史研究和编史修志有别于史学界和其他学界的研究。馆（室）不是偏重于著书立说及广泛系统深入地去研究某个问题而是立足于档案馆（室）基础侧重于分析、整理、汇编、公布史料，配合编史修志等研究，积极协同查阅档案材料；同时对已出版的历史著作和文章实行史实印证，撰写一定的历史专著和文章，参与地方志的编写。

（三）高校档案编研的原则

档案编研是基于馆（室）档案原件与复制件资料进行整理加工形成参考资料、史料汇编、文件汇编等的过程。在某种程度上说档案编研工作属于著作行为范畴，要求档案编研工作必须本着实事求是的态度，真实地对史料进行加工、编写而不能掺杂过多的个人主观因素。因此，在高校档案编研工作过程中要坚持以下几个原则。

1. 高校档案编研的科学性原则

档案编研是为了满足社会利用档案的需要，因此档案编研必须本着实事求是的态度，要忠于档案原件内容，对馆（室）档案资料进行客观、公正的加工处理。

（1）忠于档案原件内容以求真。忠于档案原件以求真是档案编研工作的首要原则，只有忠于原件的档案编研才能成为满足社会各界利用档案需要的有效途径，档案的原文原意是决定档案价值的客观物质基础，只有忠于原件的档案编研才有科学研究意义，只有真实的档案参考资料才有查阅的必要，因此档案的原文信息一经形成决不允许随便改动。在档案工作者的编研过程中坚持“忠于原文以存真”的原则，就是要忠于原文原意之真，不可妄行增删改易，要始终坚持“保持历史资料的原貌”。但是对于不同类型的档案资料，档案编研的“求真”形式却有不同，如档案文献的编研强调忠于原件内容；编写各种参考资料、机关档案文集要求忠于史实、忠于现实及尊重历史。

（2）对档案内容整理加工以求实。实事求是的科学态度是一切科学研究工作者的基本要求。然而由于社会和自然等因素，档案资料在形成、保存和传播过程中往往容易出现失真、失序、失辨、失效的现象及不便阅读之处。因此，档案工作者有必要对馆（室）的档案资料进行定期或不定期的整理、分类、研究，以便于对档案资料的科学加工。科学加工是为了纠正档案资料中存在的种种弊端和错误的内容，保证作者想要表达的真实想法，恢复其本来面目即“还原事实真相”，也就是“求实”。可以说科学加工——“求实”与“存真”不仅不相违背而且相互联系，“求实”是为了更好地保证档案资料内容的真实性，“存真”是为了更好地促进档案内容的科学整理与加工，两者相得益彰，是辩证统一的。档案内容的“求实”就是通过校勘、转录、标点、标目、编排、综述、翻译、注释等形式及时剔除错误或失真、失序等资料以保持档案资料内容的真实、可靠。

此外，为了全面体现馆（室）档案资料编研过程中科学加工“求是”的原则，还应该遵循标注原则和慎改原则。

标注原则指的是凡经编者加工改动的地方，必须要用符号或文字加以特别说明，必要时还要说明编者改动的原因及依据，如无特殊原因不得随意改动。改动的部分可以在校勘、注释、按语中加以解释。经过编者的标注，把忠于原件内容和坚持必要的加工有机结合在一起，使得原文与改动部分“泾渭分明”，具有增加档案资料可信度和方便查阅资料的双重效果，同时也在最大程度上保持档案资料的“存真”“求实”。

慎改原则指的是档案编研过程中要慎重下笔，对于没有切实依据和真实来源的资料不得随意修改，我们应对档案编研中遇到的存疑的问题，而又找不到论据以证实的情况下，必须保持档案资料的原貌，留待研究者或读者以进一步研究、论证，切记不可主观更改档案资料；对可改可不改的部分不得强改，不得在档案编研中加入个人主观因素而进行任意修改，以免错上加错。如《公羊传解诂》在论到孔子对《春秋》中有“昭公十二年”“齐高偃帅师纳北燕伯于阳”中的“伯于阳”三字明知是“公子阳生”之误，但却没有进行纠正，时曰“此夫子欲为后人法，不欲令人妄臆错”。档案编研的作用是供查阅者方便查找相关资料，因此最大限度地保证档案资料的真实面貌是查阅者或研究者的迫切期待，也是档案编研者必须遵循的“存真”“求实”作风。

2. 高校档案编研的政治性原则

（1）坚持社会主义方向的原则。档案资料是社会主义社会的文化产物，是社会主义文化的一部分，在某种程度上是为上层的政治服务，体现上层政治意志。因此我国的档案工作者在档案编研中要始终坚持科学发展观，以历史唯物主义和辩证唯物主义为指导，努力实现好、维护好广大人民的最根本、最现实的利益；档案编研的选题、内容、最终成果都要有利于推进中国特色社会主义政治文明、精神文明、物质文明、生态文明建设，弘扬中华文明的优秀文化和社会正能量。在档案编研题目和材料涉及国家利益、党的政策和制度、国际关系、外交事务时要抓住主要矛盾，趋利避害，把坚决维护国家利益、荣誉放在首位，保持政治警惕、树立大局观、整体观。

（2）树立法律意识，遵守授权、审批、时限、保密原则。档案信息公布权是控制档案公布活动实施权限的法律规定，是档案所有权的组成部分。《中华人民共和国档案法》第二十二条规定："属于国家所有的档案，由国家授权的档案馆或有关机关进行公布，未经档案馆或有关机构同意，任何组织或个人无权公布。""档案信息公布的范围，按照档案法及其实施办法的规定，应与国家规定的属于开放范围的档案信息相一致。"需注意的是，要处理好档案馆与档案原件作者公布权归属问题，处理好档案室与所属单位的关系、与有关作者的关系，不得未经档案原件作者、档案馆的同意而擅自出版、公布相关档案及编研成果。因此，档案编研中要注重档案相关法律法规知识的学习和了解，严格遵照法律规定，不得违法、犯法。

准备开展档案编研活动时，首先要进行档案编研立项，并报上级领导机关且获得批准，才可以正式开始档案编研工作。档案编研成果要经过上级主管机关的审查，特别是涉及党和国家重大政策方针、外交事务、边疆民族问题等比较敏感的选题、材料形成的档案编研成果的出版必须经过主管部门的审查、批准后才可以出版、公布，否则档案馆或有关机构不得随意出版。从事档案编研工作人员要严格遵守有关保密法规，公开出版或公布的档案资料及档案编研成果不得违反相关保密规定。

（3）高校档案编研的服务性原则。高校档案编研的根本目的是满足人们利用档案的需要，获得档案资料最大化的社会效益，服务性是档案编研的重要原则之一。随着信息社会的快速发展，信息的重要性在社会竞争中日益突出。档案编研的服务性原则具体体现在档案编研的质量、社会效益及实效性三个方面。

一是质量至上原则。档案的质量就是保证档案内容的真实性、精确性，是档案编研成果的生命线，贯穿整个档案编研的始终。无法确保档案编研内容的质量也就失去档案编研的必要性，失去档案资料存在的实际意义。

二是追求社会效益最大化原则。在市场经济环境中，人们以追求自身利益最大化为根本目的。但是我们要明白档案编研不同于一般的商业活动，不以经济利益最大化为根本目标，但在档案编研工作中商业利益与社会利益相冲突时要坚持服务社会公众、坚持有利于社会主义先进文化前进方向的要求。

三是追求档案编研的实效性原则。档案编研的立项、编辑形式和计划都要从档案资料和客观需要的实际情况出发，统筹全局、突出重点、区分轻重缓急、合理布局以最大化地讲究档案编研的实效，学会运用社会主义市场的宏观调控机制做好档案编研成果的相关出版、发行和传播工作。

（四）高校档案编研的方法

档案编研不同于一般的著书立作和文件编写，因为档案编写涉及馆（室）的各种类型的档案，数量之多、种类之繁，如果没有一定的步骤和方法很难做出行之有效的档案编研。

1. 高校档案编研的步骤

（1）制订编写计划。编写计划的制订是档案编研的一项重要内容，档案编研计划的编写一般包括：第一，档案编研的选题与编写目的；第二，档案编研所包含的内容、时间、地点等；第三，档案编研的编排结构与形式；第四，档案编研的组织及时间安排等。

（2）收集、整理、研究馆（室）档案资料。有关馆（室）档案资料的收集整理是档案编研中一项较为重要的前期准备工作。资料的收集、整理应按照“编写计划”所规定的范围进行，要充分利用馆（室）内的各种检索系统。必要时也可以适当收集与其相关的其他资料。但是在收集资料过程中，应进行认真的分析与整理，将主旨相当的资料归类放在一起并做上标签以便后续档案编研的编写与查阅，既不要遗漏重要的资料也不要让大量无用、价值不高的资料充斥其中，做到全面简洁。

（3）研究基础上的综合编写。这是档案编研工作者的最后一环也是最重要的一步。需要在对收集来的资料进行综合研究后，对有关资料与档案编研主题间的联系做出辨别，“取其精华，去其糟粕”，根据选题及档案编研的目的做出资料的取舍，并按照一定的体例撰写。在具体编写中，既不能一味地罗列和堆砌资料，要注意对原件资料进行科学加工，在遵照原件原意前提下注意语言的归纳与总结，即使节录原文也应进行加工；不能偏重于议论而忽略原始资料的利用。为了便于查阅者对档案的查阅，档案编研可以编写序言、目录、注释等。

2. 高校档案编研的方法

档案编研是对档案材料的二次加工，也是档案为社会和现实工作服务的重要手段。档案编研对不同的资料采用的方法不尽相同，要具体问题具体分析。

二、高校档案的鉴定

顾名思义，所谓高校档案鉴定就是指档案馆（室）按照一定的原则、标准和方法，判断档案的价值，确定档案的保管期限，剔除失去保存价值的档案并予以销毁的一项档案业务工作。在电子档案日益普及并大量产生和广泛应用的当代社会背景下，档案鉴定的内容除了上述两方面外，还包括了电子档案的技术鉴定。

（一）档案鉴定的标准

评价标准即评价依据，也就是按照什么标准来具体认定档案的价值大小并确定其保管期限。这个标准应当包括两个方面：一是总标准；二是具体标准。前者是国家规定的各种保管期限的确定原则，后者是具体的档案保管期限表。档案的价值本来是客观的，但由于人们的认识方法和认识能力不一致，对档案的价值的认识往往又带有很大的主观性。因此，为了更客观地鉴定档案的质量，必须建立明确的档案价值鉴定标准。

1. 社会需要标准

社会的需求利用是决定档案价值的原动力。因此，社会需要标准也是档案鉴定工作的一个重要标准。

首先，档案鉴定者要站在社会总需求的高度，把握人们的利用需求，既要有政治性的档案材料，又要有专门的业务性档案材料；既要满足历史研究者和其他科学研究者的利用需求，又要满足广大普通老百姓的利用需求。

其次，档案鉴定者在判断档案的保管期限时，既要看到档案的重要程度，也要看到档案被利用时间的长短。对于一些内容不是特别重要，但被利用时间却需要很长的档案，应该划为永久保存；同样，对于一些内容非常重要，但被利用时间却很有限的档案，应该划为短期保存，例如一些有有效期的合同、协议等，便属于这种情况。

2. 档案的属性标准

档案自身的特点和状况是决定档案价值的基础。从档案的客观属性这一个层面来说，可以把文件的来源、形式特征及内容作为鉴定的标准。

（1）档案的来源是指档案的形成者。通常来说，不同的档案来源往往决定档案具有不同的价值。一般而言，本级党政机关的档案以及具有典型性、代表性机关的档案和著名人物的档案价值较高；非隶属机关的来文档案价值较低。针对本机关主管业务的、需要贯彻执行的文件价值较高；非本机关主管业务、参考性文件价值较低。机关领导人、决策机构、综合性办公机构、主要业务职能机构、人事机构、外事机构制发的文件大多价值较高；一般行政事务机构、后勤机构及某些辅助性机构的文件价值较低。

（2）档案的形式特征是指文件的名称、形成时间、文本、文件外形特点等。一般来说，决定、决议、命令、指示、条例等往往用于反映方针政策、重大事件和主要业务活动，具有权威性和重要性，通知、简报、来往函件等往往用于处理一般事务，保存价值较低。正本具有标准格式，有机关的印章或负责人的签署，具有法定效能和凭证作用，保存价值较高；副本、草稿、草案的保存价值较低。有些文件因书法或装帧而有艺术价值，保存价值较高。

（3）档案的内容是决定档案价值最重要的因素。一般来说，反映党和国家的方针政策、重大事件、主要业务活动的档案价值较高，反映一般性事务的档案价值较低；反映全面性问题的档案价值较高，反映局部问题的档案价值较低：反映本机关主要职能活动、中心工作和基本情况的档案价值较高，反映非主要职能活动、日常工作和一般情况的档案价值较低；反映典型性问题的档案价值较高，反映一般性问题的档案价值较低；反映本机关、本地区、本系统特色的档案价值较高，内容比较一般的档案价值较低。

（二）档案鉴定的内容

档案鉴定工作的内容主要包括：制定档案价值的统一标准及制定各类档案保管期限表；具体分析档案的价值，划分和确定不同保存价值的档案的保管期限；将保管期满以及无保存价值的档案调出并予以销毁，等等。所谓档案价值的鉴定工作就是指按照一定的原则、标准和方法，甄别和判定档案的价值，确定档案的保管期限，剔除失去保存价值的档案加以销毁。那么档案鉴定工作从广义角度看，应该包括档案真伪的鉴别和档案价值的鉴定两个部分。档案馆（室）在业务工作中，经常进行的是档案价值的鉴定，其具体工作内容包括：制定鉴定档案价值的原则和标准、判定档案价值、确定档案保管期限、销毁失去保存价值的档案，以及有关档案鉴定的组织工作，等等。

档案鉴定工作的这些具体内容，归纳起来主要有两个方面：一方面确定哪些档案应该保存，保存多长时间；另一方面确定哪些档案不予保存，进行销毁。经验证明，销毁不是鉴定工作的主要目的，毁是为了存，通过精简更好地保存档案，才是档案鉴定工作的积极目的。档案鉴定工作的目的，在于正确地确定需要保存的档案，保护有价值的档案，提高保存档案的质量。在鉴定工作中，剔除、销毁不需保存的档案，虽是工作内容之一，但不是它的主要目的。因此，在档案鉴定工作中，不能只考虑如何“毁”，而应着眼如何“存”，应以判定档案的价值作为档案鉴定工作的主要目的。档案价值的鉴定，就是从数量浩大、种类繁多和内容复杂的档案里“去粗存精”，确定档案的“存毁”和“取舍”，也就是决定档案的命运。

（三）档案鉴定的方法

档案鉴定工作的主要任务是：挑选和确定哪些档案是否需要保存，需要保存多长时间。因此，鉴定档案的价值，实质上就是鉴定档案的保存价值。鉴定档案的指导思想是：应以社会利用为出发点，以反映本机关的主要职能活动和基本历史面貌为核心，以分析档案内容为依据，结合考虑档案的作者、时间、名称、完整状况、可靠程度、有效性，以及外形特征等，综合分析，全面考证，正确地判定档案的保存价值。学校教育中的各类档案都要按规定进行鉴定。档案部门应根据国家有关规定，结合实际情况，对期满的档案进行鉴定。

档案的鉴定工作一般在校长领导下，由档案部门和相关方面组成鉴定小组，采用直接鉴定法，以一个年度和一个问题的成套档案为基础，以一个案卷为单位，按照分工，个人初鉴，集体审查，对保管期限到期的档案提出销毁或延长保管期限的意见，报分管校长批准后进行。从长远利用观点考虑，鉴定时应留有余地。即应掌握：保存从宽，销毁从严；孤本从宽，复本从严；本校文件从宽，外机关文件从严；对既可永久保存，也可长期保存，或既可长期保存，又可短期保存的介于两者之间的文件，可采取“就高不就低”的办法。即使对已明确规定为必需保存的档案，也可采取“冷处理”的办法，即在档案馆（室）保留一段时间后再销毁，那么鉴定档案价值的具体方法如下：

1. 直接鉴定方法

档案的鉴定主要是指档案价值的鉴定，分析评价档案价值的工作方法，最基本的就是“直接鉴定法”。直接鉴定法是对档案的价值、质量和使用范围进行鉴定的基本工作方法。

使用直接鉴定法的注意事项：直接鉴定一般都是以案卷为单位进行的；直接鉴定时要认真审读档案；通过直接、具体的审读档案，可以发现许多档案收集、整理中存在的问题，并可针对存在的问题对案卷做出必要的调整。此外，还可能会发现一些鲜为人知的重要档案，对档案信息的开发利用具有重要的作用。直接鉴定时要做好记录。档案鉴定人员要一边审读一边做笔记，以便及时发现问题。在鉴定工作结束后，要对有关信息进行补充著录，促进档案信息的开发与利用。

2. 其他工作方法

分析评价档案价值的工作方法，除了直接鉴定法外，还有间接鉴定法、抽样鉴定法、职能分析法等。

（1）间接鉴定方法。间接鉴定方法不要求像直接鉴定方法那样逐件逐张地审核档案原件，而是先查阅文件目录，从中挑选出别的文件，鉴定其保存价值。这是某些特定条件下所采用的辅助性鉴定法。例如大学在20年前的计算机大型设备早已被淘汰报废，有一大批图纸失去效用，考虑到有些说明书和技术参数材料及设备需要查阅，就可以由主管负责人从口录中挑选材料，查出后再审查是否要保存。再如某单位有大批早已过期的会计凭证要鉴定销毁，但因保管不良而又脏又霉，查阅比较困难，需要请财务人员先查账本筛选，因为凭证支出要记账，日记账和分类账的栏目中记载每笔款项由什么人、为什么事、支付多少钱的记录，资深的会计人员可以从账本中判断哪些凭证需要继续保存，哪些凭证有疑问，根据日期和凭证号码从装订编号的凭证中抽出，再进一步认定是否要延长保管。这种办法节省时间，基本可靠，也是可行的。这是采用间接的办法缩小直接鉴定的范围，达到鉴定目的。

（2）抽样鉴定方法。抽样鉴定方法一般在对已经进行过鉴定的材料进行复查、审核时使用。抽样鉴定法就是采取抽样的方式检查，至于抽样的数量和种类，可以根据实际情况定夺。比如档案定期鉴定之后，有一大批档案需要销毁，报请主管领导审批时，领导人没精力逐一查看，但不查看审批就没有把握，对此就可以采用这种方法。其实抽样鉴定法是一种选样的“直接鉴定”的复查办法。

（3）职能分析方法。职能分析方法也叫“职能鉴定法”，它是根据档案内容所反映的有关机关职能性质来判断档案价值水平的一种方法。不论是传统的职能鉴定理论还是所谓的“新职能鉴定论”，都强调一个共同点，即凡是反映机关基本职能和主要职责任务的档案，其价值水平就应从高处理，其保管期限应该从“长”确定；反之档案的价值水平就较低，保管期限应当从“短”处理。也就是不问具体档案的具体内容的重要程度、实际作用的性质、个性化的价值水平等具体怎样，只要是形成于和反映着基本职能、主要职责任务的，就从宽处理；反之一律从严掌握。此方法作为一种鉴定档案价值的工作方法还是比较科学的，可以较好地从整体上高效率地进行鉴定，且也有利于档案价值鉴定的“计算机化”。但是如果将它作为一种档案价值水平的具体分析方法，则难免出现失之偏颇的问题。

（四）鉴定工作的制度

档案是历史上人们在各种活动中形成的原始记录，是历史的真迹。各档案管理部门的档案，大多数没有重复，很少有完全一样的。如果鉴定档案价值不正确，特别是销毁了不该销毁的档案，所造成的损失是无法挽回的。为了保证鉴定工作的质量，使档案的鉴定工作和销毁有组织、有监督地进行，必须建立和健全档案鉴定工作制度。1987 年 9 月 5 日第六届全国人大常委会第二十二次会议通过的《中华人民共和国档案法》第十五条规定：“鉴定档案保存价值的原则、保密期限的标准以及销毁档案的程序和方法，由国家档案行政管理部门制定，禁止擅自销毁。”

1. 鉴定档案工作遵循的标准

全国统一的鉴定档案价值的标准，由国家及其档案行政管理部门制定和颁发，如国家档案局 1987 年 12 月制发的《文书档案保管期限表》就属于此类。各地区系统则据此制定各自相应的具体鉴定标准。各机关、各档案馆根据上述统一的鉴定标准，进行档案价值鉴定工作。

2. 档案鉴定工作的组织领导

根据有关规定，机关的档案价值鉴定工作，必须在机关有关负责人的领导下，由档案部门和有关业务部门的人员共同组成鉴定小组来进行，鉴定结束后。档案馆对已无保存价值的档案进行鉴定和处理，还须征求有关部门的意见，并经主管领导（部门）批准。

3. 销毁档案的批准、监销制度

经过鉴定后需要销毁的档案，应当编制档案销毁清册，办理批准手续。各机关需要销毁档案，须经机关领导人批准；档案馆需要销毁档案，须经主管领导机关批准；销毁中华人民共和国成立前的历史档案，同时还须报国家档案局批准。未经鉴定和批准，任何单位和个人不得销毁任何档案。销毁档案时，须实行两人监销制度以保证销毁工作的安全。

第三节　高校档案工作创新

当今社会，“城市记忆”在轰轰烈烈地进行着，城市档案的有机组合，为城市文化建设提供了有力的支持，取得的成效有目共睹，从而为高校记忆建设提供了借鉴。目前，高校档案的管理大多还是传统的模式，档案缺乏有机的组合，不能充分发挥高校档案的功能，不能为高校和社会建设提供最大效率的服务。如何改变这种状况，许多档案工作者受“城市记忆”的启发，也提出了有关高校记忆的想法，但没有统一的概念和理解。

一、高校记忆的文化功能

高校记忆的出现，使档案文化的功能，即积淀功能、传播功能等变得越来越受到社会公众的关注，同时也为高校的文化建设提供了全新的思想和目标，为高校各档案功能的有效发挥创造了必要的条件，为高校档案信息资源的共享创造了全新的平台，最终的结果就是使高校的文化功能建设上升到了更高的层次。高校的档案建设源于高校教育、科研、管理等各项活动的需求，并且能够在各种活动中完整、准确地记录高校发展的过程，高校档案室承载着高校发展和文化建设的载体，是校园文化建设的历史见证。高校档案最重要的文化价值就是，它能够清晰、准确地反映高校在建设和发展的各个时期的特点、成绩、高校风貌等，是高校发展过程中不可或缺的重要组成部分。而高校记忆的出现，要求高校档案管理要从系统的角度出发，对学校的档案进行全面的分析和规划，要使各部分能够有机地整合在一起，使高校档案管理的过程与方式基本趋于合理，从而提高高校档案的使用效率，并且在高校记忆的背景下，能够使高校档案文化的功能及其作用日益凸显。

（一）高校档案文化的积淀功能

高校档案具体形成于高校的教育、科学实践等活动中，能够记录并真实地反映出活动的具体内容，即学校的发展史。这也就决定了档案的真实性、可靠性、原始性。高校档案室了解高校过去的发展的凭证，实现了对过去高校丰富多彩的文化的真实记录，实现了对高校每个发展时期的具体活动的积累和存储，是高校文化历史的载体，更是高校文化因素的集合体。它随着高校的发展不断壮大。高校档案的内容源于高校的实践活动，记录了高校发展中各时期的教育思想、教学内容、教学技术等，同时它还为高校的发展提供服务，而高校档案的本质就是高校文化因素的一部分。目前，各高校由于无法找到正确、合理地管理高校档案的方法，造成有些历史信息的丢失和损毁，使高校的文化空间被破坏、历史文化被割裂，这样的情况大大地削弱了高校档案的文化积淀功能。

高校记忆的出现，作为承载高校档案文化的容器，它能够真实地反映出高校发展的历史轨迹和发展规律。它可以在研究高校历史时为人们提供必要且真实的参考依据和最可靠的文化资源。高校记忆可以通过其独特性为人们展现其特有的、多层次的高校文化内涵。高校的发展在于其历史文化的传承，高校记忆则可以留住高校发展历史的记忆，弘扬其特有的精神品质、文化特色，使高校的发展更具有顽强的生命力和可持续发展的动力。

（二）高校档案文化的传播功能

文化的传播是指文化通过不同的媒介在不同群体之间的转移和散布过程，它是所有文化相关事业所具备的基本的功能。而高校档案就是高校文化传播的媒介，高校档案不断将其储存的知识通过一定的渠道传递给高校的师生，同时也在一定程度辐射到社会公众群体。高校档案储存了高校丰富的历史文化财产，也是高校众多科技研究成果的载体。同时高校档案工作还承担着档案信息资源的合理开发和利用，即把原有的材料信息知识进行重组和完善，并从中寻找出新的文化任务。对于档案信息的开发过程所依据的基础是档案信息的存储容量，同时对新任务的发现又要高于档案存储的层次，这才是高校档案管理工作的精髓所在。目前，我国大部分高校的档案信息资源的开发正处在初级阶段，高校档案信息中的具有针对性和说服力的信息能够大大提高高校档案信息的传播功能。

二、高校记忆视野下的校园行为文化建设

从高校记忆的视角，加强高校档案建设，促进校园行为文化建设，是高校文化建设的应有之义。但目前高校档案建设服务观念落后，高校档案

建设缺乏机制保障，高校档案信息资源不够丰富、利用不够充分合理，高校档案建设开发服务形式过于单一。因此，应积极开发高校记忆，从档案建设层面给校园行为文化建设提供人员保障、机制保障、物质保障和全方位、快捷的服务。高校记忆是高校形成、变迁和发展中具有保存价值的历史记录，是人们以信息的方式对这些历史记录进行编码、储存和提取过程的总称。高校校园行为文化是教师、学生、管理者、服务人员在学习和工作当中的行为方式及活动方式的总和，蕴含于教师、学生、管理者、服务人员的个体的行为风范、综合能力、亲和力和感召力之中。它是学校优良校风、精神风貌、人际关系的动态体现，也是校园精神、办学理念、师生综合素质的折射。良好的校园行为文化，可将文明内化为师生员工的思维方式和行为习惯。高校行为文化的形成是一个长期积淀的过程，与高校档案建设密切相关，亦是高校记忆的应有之义。

高校档案作为高等教育的一种特殊的文化资源，除具有原始性、真实性、厚重性、史料性外，更具有与生俱来的文化内涵，历史的延续性和极强的示范性。它的文化存储、传播和教育功能，对大学文化建设以及行为文化建设更是具有举足轻重的作用。但目前在高校档案的实际工作中，对档案文化的重要性认识不足，还不自觉也不自信地停留在传统的对档案实体的占有开发上，没有真正从档案文化的内涵、特征、功能出发来开展高校行为文化建设。高校记忆的出现，使高校档案的文化功能日益凸显，不仅为其提供新的视角，也为高校行为文化建设创造了必要的物质保证，使高校的行为文化建设迈上新台阶。在“城市记忆”的驱动下，目前有部分高校已经开展了高校记忆工程。高校记忆工程要求档案有系统性和条理性，它可以使高校在历史文化与现代文明的交相辉映中凸显其文化气质，塑造出新的高校行为文化，可以为高校行为文化建立新的“生态系统”和“生存空间”，可以充分发挥高校档案的文化功能，为高校行为文化品位的提升和创新服务。

（一）开发高校记忆，给校园行为文化建设提供机制保障

上述内容反映了高校行为文化建设的现状，而高校记忆具备改变现状的能力，它可以为高校行为文化建设提供强有力的人员和机制保障。高校记忆要求档案工作者要以档案是一种文化之源为出发点，对档案进行整理

和开发。它要求档案工作者扩大征集范围，不但到本高校内部各个部门去征集需要的材料，还要到其他各相关部门去征集。比如，要征集名人档案，有些材料是校内没有的，就到名人家乡、当地的档案馆和历史研究机构去征集相关的照片、影像资料和文字等。

高校记忆工程的管理体制与传统的高校档案管理体制不同，要求成立专门的部门，具有专业素养的档案工作者专人负责高校行为文化建设，而不是由高校各个部门的兼职档案员来完成高校档案的收集、编研和开发档案信息资源工作。这样，档案工作者可以有更多的精力投入档案文化建设中，可以让档案为学校的行为文化建设提供更加丰富和精炼的材料，让广大师生深切认识到档案的文化力量，自觉参与档案的积累工作和行为文化建设工作。高校记忆要求档案从封闭型的档案管理体制中摆脱出来，充分利用高校档案的丰富性、教育性、综合性等优势，主动地、创造性地为校园行为文化建设与发展服务。

（二）开发高校记忆，给校园行为文化建设提供物质保障

高校档案并不是为某一类人准备的，也不是为收藏而收藏的，是为了整理归纳学校的各项活动，让师生从中获得有用的价值，为高校行为文化建设提供必要的物质保证。高校记忆并不是对高校档案进行简单的收藏，而是进行科学、合理、系统、高效的整理，使高校档案存储的文化资源结构能够更加有条理性。高校档案为高校的行为文化建设提供了大量可靠、真实的信息资源，提供的同时也要求高校档案资源的形式要多样化、合理化，如提供科学档案、文学档案、声像档案和影像档案等不同形式的资源。另外，还要收集齐全本校的档案信息，收集具有针对性的、有价值的期刊报纸类信息，以此来丰富高校档案储存资源的多样性和丰富性，在扩大信息资源的同时为高校的行为文化建设提供全方位的服务。

（三）开发高校记忆，给校园行为文化建设提供快捷服务

高校记忆是根据高校的发展需要，根据特定的主题内容，将散乱、无体系的凭证资料和文化性档案信息资源进行有效的梳理和整合，如著名人物的档案信息，爱国主义教育相关的资料和师德档案等。高校记忆还能够打破校际间的信息传播的壁垒、打破档案资源整合的制度和体系壁垒，建立起不同高校之间的档案信息共享体系。通过互联网的发展和建设，创建

一个信息交换与共享的平台，从而实现高校档案信息资源在校际间的共享使用，并且要对使用的过程进行科学、合理的规划，如管理的合理性、最大限度优化系统配置、扩充平台容量。高校记忆为档案信息资源的共享提供了坚实的基础，应最大限度地发挥档案文化的功能，全方位、多层次地促进档案资源融入学校的行为文化建设。

第四节　档案在高校精神文明建设中的作用

社会主义精神文明是中国特色社会主义和现代化建设的重要保证，它不但为物质文明的发展提供精神动力和智力支持，而且为物质文明的发展提供有力的思想保证。当前，我国正处在经济、政治、文化大发展和社会重要转型时期，这不仅意味着国家经济领域的重要变革，更意味着整个社会物质生活和精神世界的深刻变化。随着我国经济的快速发展，人们对精神文化的需求越来越强烈，因此，在党中央号召下，全国各地掀起了社会主义精神文明创建活动新高潮。

一、档案是学校宝贵的历史文化遗产

高校档案是高校在各个历史时期社会实践活动的真实记录，是学校在长期教学实践中积累起来的具有重要价值的历史资料，它真实地反映了学校历史发展的行进轨迹，是学校一切工作的综合反映，它不但是学校过去工作活动的历史记录，更是学校历史发展的见证，也是学校日后教学、管理工作不可缺少的重要条件。我国有着悠久的文明历史，中华民族创造了灿烂的历史文化，留下了众多的文化遗产。但是，由于各方面的原因，有难以计数的文化遗产没有保存下来，档案作为保存下来的文化遗产就显得更加珍贵。高校档案作为学校进行社会实践活动的自然产物，是不可再生的信息资源，是宝贵的文化遗产，它作为原始的历史记录，不管其形成者是谁，用意何在，都记述着一定的史实，镌刻着时代的烙印，透视着确定的信息。通过档案的内容，我们能够清晰了解档案所记述的每一项重大活动内容，因此，它是存储社会记忆、传承人类文明的历史文物，是一个国家和民族文化遗产的重要组成部分。随着社会的进步，人们越来越意识

到，文化财产中最宝贵而无法用金钱衡量其价值的是文化遗产。学校档案正是被保留下来的不可多得的文化遗产，它深深植根于人类社会生活，与人类社会同步发展，并随着社会文明程度的提高，越来越深入到社会生活的各个方面，在经济发展、科技进步、社会文明中发挥着越来越重要的作用。

二、档案是学校思想道德建设中的真实教材

高校档案是学校历史发展的结晶，是学校各方面工作的长期积累，它包含了教学、管理、科研等诸多方面的内容，反映了教职工、学生各个不同层面的活动记录，是时间和空间的汇合，是创造与发展的凝聚，其内容生动多样，是学校思想道德教育的源泉。首先，它是学校思想道德建设的生动素材。高校档案记述了学校历史发展的优良传统，有着丰富的爱国荣校的教育内容，它记载着的是学校创业史、发展史和奋斗史。校史陈列室中展现的每一幅精美图片，各种引以为豪的奖状，发出光芒的奖杯、奖牌等，正是生动的爱国荣校史，是对师生进行爱国爱校教育的真实教材。其次，档案凝聚了学校良好的校风和学风，它反映了学校不同时期的办学历程，总结了学校办学的思想精华，是进行品德教育的模范读本。学校在长期的办学实践中会在各个时期档案里沉积不少带有自身特色的办学思想理念，良好的校风、教风和学风，以及在教书育人过程中涌现的模范人物事迹等，这些档案所反映的内容是学校在长期办学实践中自然形成的，是真实的历史再现，其实质上是学校办学进程中一种精神文明的产物，这无疑是对师生进行品德教育的最好读本。再次，高校档案作为高校育人资源的重要组成部分，它可以通过开展适合学校学生特点的宣传教育，充分利用校史陈列室、专题校史展等，展示学校办学特色，宣传办学成就，弘扬办学精神，强化青年学生的爱国爱校意识，达到档案教化育人的作用，是学校进行思想品德教育的真实素材。

三、档案是学校开展校园文化和提高人文素养的源泉

高校档案作为高校历史文化的重要载体，它与生俱来就具备文化的内涵与品格。精神文明建设的实质就是塑造人，不断提高全民族的思想道德

素质和科学文化素养，从而实现社会的全面进步。大学校园文化建设也是学校提高人文素养的一种重要手段，而在高校档案中所承载的正是学校各个历史时期教育、教学、科研、学术、文化、艺术、建筑、卫生、体育等事业发展中的一种文化积淀，它可以作为学校开展校园文化建设和提高人文素养的源泉。校园文化是一所学校在长期育人过程中形成的独特的价值观念、社会心理、审美情趣、思维模式、行为方式以及与此相关的校风、学风，它能为师生共同创造具有校园特色的文化氛围，它包含学校的物质文化、精神文化和制度文化。一所学校如果没有一定的历史文化沉淀，要谈校园文化也就成了无源之水、无本之木。档案作为学校历史发展的记载，被称为学校历史的储存器，它随着学校的发展而不断充实、丰富。它不仅是学校教学、管理过程的真实记载，更是广大师生集体智慧的结晶，是学校重要的文化财富，它具有丰富的文化属性，它在陶冶学生情操、规范师生行为等方面都发挥着很重要的作用。在开展校园文化建设中，我们可以利用档案馆丰富的档案资料，尤其是老照片、奖状、奖杯、实物、科研出版物等档案充实校史展览馆，可以展示一些馆藏名人字画、手稿、领导题词、珍贵图片等档案，让它们在校园文化建设中发挥应有的作用。也可以利用校报、广播站、校园网络等宣传媒体介绍一些学校历史上的名人事迹、校史典故、著名校友成长经历。也可以利用馆藏相关文件编制学校规章制度汇编，促进学校制度文化建设，组织编制大事记、校史、年鉴等为校园文化建设服务。

四、档案是学校精神文明创建陈列展览的形象资料

举办陈列展览是创建高校精神文明的一项重要内容，是对广大教职工和青年学生进行思想道德教育、爱国主义教育的一种重要形式。无论是档案部门还是宣传部门举办的宣传陈列展览，其内容和素材大多来自档案资料，特别是照片档案，由于这些档案更为直观生动，而且内容丰富，是高校精神文明创建活动中陈列展览主要的形象资料。详细的史料文字说明、图片、音像、出版、奖状、奖牌、科研成果等档案是陈列室最真实的资料，它能寓思想教育于潜移默化之中，起到在不知不觉中感化、激励观者的作用。在精神文明创建中，可以利用档案资源的丰富性特点，让丰富多

样的档案资源进入校史陈列室，展现学校办学育人成果，帮助青年学生了解学校历史和取得的各种成就，培养荣誉感，增强凝聚力，促进青年学生形成良好的学风。

五、档案是学校精神文明创建活动评价的重要支撑材料

档案是人类活动的原始记录，它把人们在学习、生活、工作中往复不断的现象真实地记录下来，使过去的状态变成永恒的凝固，变成准确寻找事物发展规律的可靠依据。学校在精神文明创建活动中取得的成果，会被痕迹档案完整记录在册，它是接受主管部门和上级机关检查、考评的重要依据。高校档案汇集了学校教学、管理、科研的最新成果，它能客观全面地反映学校综合办学实力和教书育人成果，也是学校物质文明和精神文明的结晶。比如反映学校精神文明创建的工作计划、总结，创建工作会议记录、纪要，学校科学民主管理的决策、规章制度，党风廉政建设、群团工作建设中取得的各种成绩，能反映当前学校状态的包括单位性质、规模、机构设置、业务能力、工作成效以及社会和上级部门对学校的评价等相关材料都得由单位档案管理部门来提供，是作为上级主管部门考察学校精神文明创建成果的有力凭证，它是学校精神文明创建活动评价的重要支撑材料，是学校开展精神文明建设最有力的证据。这些支撑材料涵盖了学校办学指导思想、理论学习、民主决策、制度建设、工作业绩、思想道德建设、科技文化发展水平等方方面面的工作，是最具有说服力的考评、检查材料。

第三章

高校档案管理

第一节　高校档案管理概述

高校档案管理工作是高校工作的重要组成部分。随着高等教育事业的发展，高校档案管理工作也有了长足的进步，高校档案及档案管理工作为高校的教育、教学、科研质量不断提高，为高校管理水平的不断进步提供了有力的保证。但随着形势的发展，高校档案管理工作在许多方面还需要进一步改进和完善。

一、高校档案管理工作的现状和问题

近几年来，高校档案管理工作开始逐步进入信息化、规范化管理的轨道。但从整体情况看，存在一些共性问题，如：部分领导和教职员工档案意识不强，对档案管理工作的重视程度不够，档案管理制度不健全，档案工作者整体素质不高等。除此之外，还有一些问题值得我们注意。

（一）档案资源建设难度大，难以保证档案质量

高校档案管理均实行部门立卷制度，由文件材料的形成部门将文件材料整理立卷后归档。在此过程中，有部分兼职档案人员，以自身本职工作较重为由，拖延归档时间。高校档案部门面对以上情况，只能对未归档部门再三催促，一些部门为了交差了事，就只是草草收集部分文件材料，或者不对文件材料的质量进行鉴定就上交给高校档案部门，造成归档不完整或者档案质量参差不齐的情况。

（二）经费投入普遍不足，工作环境亟待改善

少数高校至今未按照《高等学校档案管理办法》的规定，实现档案工作经费单列，尤其是一些未独立建馆的高校，档案经费往往从所属的校办公室或者党委办公室的经费中列支，一定程度上造成档案工作无钱可用的局面。其次，一些高校档案馆（室）库房狭窄简陋，可用面积小，“八防”设施未能到位，不符合档案存储条件；一些档案馆（室）办公条件较差，库房、办公室和阅览室未实现“三分开”，常常是档案整理、查阅与办公共用一间办公室；档案信息化及档案保护设备配置不全，导致档案信息化工作不能正常开展，或是珍贵的档案材料得不到适当的保护。另外，针对档案管理工作人员的劳动保护也不到位，对档案管理工作人员的身心健康产生了一定的不良影响。

（三）开发档案信息资源乏力，档案学术研究成果少

高校档案馆（室）虽然每天都从事档案管理工作，但很难见到档案编研成果。档案理论研究成果及档案史料研究成果的数量与我国高校档案人员数量相比显得过少，档案工作者没有较好地利用高校的库存档案来进行编研和信息开发。这除了档案人员个人素质和对档案及档案管理工作的认识不高外，与馆（室）领导缺乏为学校中心工作服务的意识也有较大的关系。

（四）档案利用主体有限，档案价值发挥效力范围窄

长期以来，高校档案管理工作中的利用环节主要是为高校各级领导决策、为机关各部门工作参考服务，而为教学和科研服务则相对较少，这与高校以教学和科研工作为主的主旨相悖。目前高校档案的利用主体主要是学校的教职员工、在校学生和已毕业的学生三类，在提供利用的过程中，由于受到某些陈旧观念和档案制度的规定与制约，一些档案利用主体的正当利用要求无法得到充分满足，或者需要办理大量复杂烦琐的手续才能得以实现，使档案利用主体有所流失，从而影响了档案的利用效率，使得高校档案不能在更大范围中发挥其价值。

二、做好高校档案管理工作的对策

以上档案管理工作中出现的问题，主要体现在外部环境、人员素质和

档案业务本身等方面，我们只有从这些方面着手，抓住问题的重点，才能解决问题，使高校的档案管理工作又快又好地发展。.

（一）保证资金投入，积极保护档案资源

根据《高等学校档案管理办法》的规定，高校档案工作经费应单独立项，列入学校预算，统筹解决。足够的资金投入是保证各项工作顺利进行的前提和条件，没有足够的投入，档案工作从文件的收集、整理、抢救到文件的保管、查询，就无从开展。特别是随着信息化和现代化的发展，档案管理的手段发生了巨大变化，现代化的管理方法需要相应的设备来配合。硬件投入跟不上，就难以实现档案管理水平的提升，也难以适应档案管理工作发展的需求。除此之外，高校档案部门还应重视运用现有的技术手段，保护和抢救珍贵档案，最大限度地延长档案的寿命。

（二）加大档案资源建设力度，健全各门类档案

第一，各高校要制发规范的制文、行文和办文程序规则，从档案产生的源头把好文件质量关。高校档案馆（室）在收集整理档案的过程中，要认真鉴定进馆档案，同时对库藏到期档案及时进行鉴定，优化库藏档案结构。第二，各高校要坚持文件材料形成部门立卷整理制度，高校档案馆（室）要经常到各部门与兼职档案人员进行工作交流学习，帮助解决文件收集、整理工作中出现的问题，扭转基层部门文件材料收集难的局面。第三，各高校档案馆（室）在对文件材料进行收集的过程中，不仅要注意收集纸质文件，也要注意收集其他载体的材料，同时针对各校的特点，形成特色档案、专题档案等，健全档案门类，为提供利用打好基础。

（三）开发档案信息资源，提高档案利用效率

日常业务工作方面，高校档案馆（室）一要主动及时地提供档案信息资料，认真细致地搞好档案的编目和必要的档案检索工作，完善检索体系，实现多渠道、多层次检索；二要积极开展档案资料的编研工作，通过编写档案全宗介绍、组织机构沿革、大事记等资料，把零散档案加工成系统知识，提高档案信息的系统性；三要高度重视计算机信息技术在档案管理中的应用，逐步建立完善档案信息库；四要在制度许可的情况下，尽量简化办事手续，为利用主体提供便捷的服务，最大限度地提高档案的利用率。

（四）主动参与配合学校中心工作，提高档案工作在学校各项工作中的地位

高校的工作重心是教学和科研，档案人员要摆正位置，调整思路，变被动为主动，从多种途径争取为教学、科研和管理服务。例如，本科教学水平档案管理研究评估中，提供给评估专家的很多材料都是档案，同时，在评估的过程中也会产生相当一部分有价值的文件材料，高校档案馆（室）必须做好档案材料的提供和收集整理工作，并形成相应的收集制度，或根据教学评估的特点形成特色档案或专题档案，为学校领导决策和管理提供参考。

第二节　高校教学档案管理

一、高校教学档案的收集

教学档案是开展教学档案管理的基础，也是教学档案信息资源开发利用的必要条件。因此，教学档案的收集在整个教学档案管理业务中占有重要的地位，是一个关键的工作环节。档案收集工作是整个档案工作中极为重要的一个环节，与档案工作中其他环节工作相比较，它处于一种特殊的地位，做好档案收集工作对整个档案工作具有重要意义。

（一）收集工作

教学档案的收集工作就是按照学校档案工作管理办法的有关规定，通过例行的接收制度和专门征集的办法，把分散在教务处、教学部门、个人手中和散失在其他地方的教学档案分别集中到学校档案保管机构。在实际工作中，教学档案收集工作又可以分为两个方面，即教学档案的接收和征集。教学档案的接收是指档案部门取得和积累档案的过程；教学档案的征集是指档案部门按照国家规定征收散存在社会上的教学档案和有关文献的过程。档案接收工作是档案部门获取教学档案的主要方式，而征集工作是接收工作的必要补充渠道。

（二）归档工作

各归档文件整理单位在平时积累归档时，应按照以下归档原则、主要内容、重点和范围收集文件材料。

1. 归档原则

归档的教学类文件材料必须对学校、社会有史料和研究价值，有参考或凭证作用；能够反映学校教学部门职能活动（教学管理和教学实践）的全过程，保证完整、准确、系统；必须遵循其自然形成规律，保持有机联系和成套性，符合教学管理和教学实践活动的特点。

2. 归档的主要内容

归档的主要内容包括综合管理学科与实验室建设、招生、学籍管理、课堂教学与实践、学位工作、毕业生工作和教材等，具体范围见《高校档案工作规范与档案实体分类法》中的《教学类档案归档范围和保管期限表》。

3. 归档重点

归档的重点是学校在教学工作，特别是教学实践各个环节活动中形成的不同载体的文件材料。

4. 教学档案

教学档案中少数属永久保存的类目，如本科毕业论文、实习报告等可由系保存，学校综合档案馆（室）只按照一定的比例择优接收。因此，系兼职档案员教务员有双重责任：一是收集整理本系形成的具有长远参考价值的档案材料，按期向学校综合档案馆（室）移交；二是负责留系保管的各类教学档案的管理工作，为本系的教学管理、教学实践、教书育人等方面提供服务。

应留系保管的教学档案主要有以下方面：

（1）上级教育主管部门和学校下达的指导性、指令性文件材料。包括教育改革、专业设置、教学计划、招生、毕业分配等方面的计划、指示、规定和办法等。

（2）招生工作材料。包括招生计划、简章、专业介绍、新生名单、考试成绩等。

（3）本系各年级的教学计划、教学大纲。

（4）重点课程、优秀课题建设材料。

（5）教学质量检查、教学观摩、课堂教学质量分析等材料。

（6）学籍管理材料。包括新生注册登记表、学生学籍册、在校学生名册、学生学籍变更材料、学生奖励和处分材料等。

（7）课堂教学材料。包括教学任务书、课程安排表、进度表、教师任课安排、各门课程讲义、教案、各教研室教学总结和教师经验总结等。

（8）教材。包括本系自编、参编、主编教材的底稿、完稿、各专业使用教材情况等。

（9）制度建设材料。包括学生管理、教师管理、教学设备管理等制度。

（10）教学实践性材料。包括试验计划、艺术实践课程等。

（11）考试考查材料。包括考试考查安排、考试命题及评分标准、记分册、考卷及质量分析等材料。

（12）毕业生毕业论文、评审意见及质量分析、优秀论文评选材料。

（13）毕业生质量调查材料。包括毕业生质量调查计划、调查表等。

（14）学位论文及审批材料。

（15）教师队伍建设规划、教师培训等。

（16）教师工作量登记、核算材料。

由此可见，系教学档案记载了教学管理人员、教师和学生三者的教学实践活动，是教学工作重要的信息资源。它是院系教学及教学管理职能活动的真实记录，反映了本院系教学工作的轨迹和面貌。

5. 不归档文件材料范图

（1）上级有关教学的普发的（非专指高校）、不需要办理的文件。

（2）上级有关教学的未定稿的文件。

（3）重份文件。

（4）无查考利用价值的事务性临时性文件。

（5）非隶属单位抄送的不需办理，也无参考价值的文件。

（6）校内其他单位发来的文件。

（7）与校外单位交换来的材料。

以上不归档材料若认为必要，院系也可自行做资料暂存。

（三）教师业务档案归档

高校教师不仅同中小学教师一样，要把人类创造出来的科学文化知识传授给学生，培养他们的能力，开发他们的智力，使他们成为在德育、智育、体育等方面都得到发展的新生代，还有自己的特殊性。邓小平指出，高等学校要办成两个中心，既是教学的中心，又是科学研究的中心。高校教师肩负着两个基本任务，既搞教学，又搞科学研究。除了在教学、科研活动中形成了大量业务档案外，高校人事管理部门在对教师的培养、任用、考核和职称晋升过程中也形成了大量的教师业务档案。

建立教师业务档案对教师的考核和任用、职称的评定和晋升、工资的评定和提升、工作调动、思想工作和奖惩等具有重要意义。

高校教师业务档案也是合理使用和进一步培养教师的依据。如何合理使用教师，丰富他们的学识，增强他们的能力，教师的业务档案为管理者提供了很好的参考和依据。另外，教师业务和学术水平到底有多高，有哪些长处和短处，需要什么样的培养和提高，业务档案也可提供有参考价值的资料。

高校教师在参加教学、科研活动的过程中形成了大量的论文、专著、科技报告、教材、讲义、注释、翻译、资料汇编等材料。在考核和晋升职称的过程中，形成了能反映教师的政治思想、业务水平和工作业绩方面的文件材料。其中，政治表现是教师的政治思想、道德品质和工作态度。

业务水平是指教师在教学科研工作中的业务水平。主要包括以下几方面：掌握本专业基础知识理论和专业知识的深度和广度；分析问题的能力；教学的水平；编写和编译教材、专著的水平；科学研究工作的水平和能力，在集体承担的科学研究项目中个人所起的作用；学术论文的水平；实验教学和实验技能的水平；本职所要求的外国语水平。

高校教师业务档案主要包括以下内容：

（1）个人简历。

（2）业务自传。

（3）担任过的主要教学与科研工作（包括起止日期、课程及学时、研究的课题名称、担任过的工作内容与职务、效果与结果等）。

（4）论文、专著、科技报告、教材、讲义、注释、翻译、资料汇编等。

（5）引文目录或他人对上述著述的正式评价。

（6）获得的各种奖项、证书。

（7）教师工作考核表（包括考核日期、内容、成绩与评定意见等）。

（8）国内进修情况记录（包括起止日期、单位名称、学习内容、学习时数、考核成绩、评语等）。

（9）出国进修、学习、考核及参加国内外学术活动的起止日期、内容、收获及担任的职务等。

（10）职称评定及晋升记录（如任职资格申报表、专家评估意见、评分表及试卷等）。

二、高校教学档案的保管

档案保管是档案管理工作中非常重要的一个环节。档案保管质量的好坏直接影响档案的利用，决定着档案寿命的长短。如果档案保管不当，其寿命就会缩短，达不到利用效果；相反，如果保管得当，档案的寿命就会延长，为整个档案工作的进行提供物质对象，提供一个最起码、最基本的前提，从而能够发挥更大的经济效益和社会效益，还可以巩固收集和整理的成果，并为利用和编研创造便利条件。

档案保管工作指的是采取一定的管理方式和技术手段对已整理好并存入库房中的档案进行安全保管和科学管理，并最大限度地延长档案寿命的工作。由此可见，档案保管工作的基本任务是防止档案的损坏，尽量延长档案的寿命，维护档案的安全。

（一）档案保管的物质条件

档案保管工作的一个突出特点是它必须借助一定物质条件的支撑方能进行。档案保管工作基本的物质条件主要有档案库房、档案装具、档案包装材料和设备。

1. 档案库房

库房是存放档案的空间场所，是档案保管最基本的物质条件。档案库房应符合档案保管的专业要求，虽然各学校财力物力不尽相同，但仍然应该按国家档案局颁布的关于档案建筑建设的行业标准《档案馆建筑设计规范》的要求建造档案库房。在无法达到全部要求的情况下，至少应达到以下几个基本要求：

（1）库房、办公室、阅览室应三室分开，库房必须专用，不能与办公室、阅览室合用，也不能同时存放其他物品。

（2）档案库房必须坚固，至少应是正规的建筑物，不能是临时建筑。全木质结构房屋不宜作档案库房使用。

（3）库房应远离火源、水源和污染源，并符合防火、防水、防潮、防光等基本要求，不宜将档案库房设在大楼的地下室、最底层或最高层，门窗应有较好的封闭性。

2. 档案装具

档案装具是指用以存放档案的柜、架、箱子等基本设备，一般分为箱柜和架子两类。柜、架、箱的制作材料最好为金属物，这样更有利于防火。从保管的角度讲，封闭式的箱柜比敞开式的架子更有利于对档案的保护。但从使用查找的角度讲，架子又比箱柜更方便查找、使用和整理。为充分利用库房空间，可以考虑使用密集型活动档案柜（也称密集架）作为档案装具。它不仅具有防火、防光、防尘的性能，还易于查找、使用和整理，可大大节省库房空间和库房建筑费用。据统计，使用密集架与常规的固定柜架相比，库房面积可以节省近2/3，若是新建库房，可比使用常规的固定柜架节省近1/3的建筑面积。但安装使用密集架对地面的承重能力要求较高，若在二层楼以上的房间内安装，楼板承重力一般需在600千克/平方米以上，同时应考虑整个建筑物的坚固程度及其使用年限等相关因素。

3. 档案包装材料

档案的包装非常重要，它既可防止光线、灰尘及有害气体对档案的直接危害，又可减少机械磨损。目前，我国常用的包装材料有卷皮、卷盒。卷皮、卷盒是指用于直接存放、保护档案案卷的纸质或其他质地的包装物。卷皮是封面与封底连为一体的半封闭式卷夹，分为硬卷皮和软卷皮两种。使用软卷皮装订的案卷，必须装入卷盒内保存。卷盒则是全封闭式的盒子。卷皮与卷盒应依据国家有关标准设计。

（二）档案保管工作的内容

档案保管工作主要包括以下两个方面：档案库房的科学管理；档案流动中的保护，即档案在各个流动环节中一般的安全防护。

1. 档案库房的科学管理

（1）制定档案库房管理制度。档案库房是档案资料保护和贮存的重要场所，一般情况下，档案库房只允许档案工作人员进入，非档案工作人员原则上不允许进入档案库房，所以要制定人员进出库房登记制度。人员进出库房登记制度是对进出库房的人员及其进出的方式、时间、要求等进行必要的限制并登记的制度。①档案入库登记制度，是指对新归档的档案和平时出入库的档案进行的登记制度。为了保护档案安全，方便档案管理，一方面，凡是新归档的档案，必须进行登记，注明移交部门、案卷数量和存放位置等；另一方面，凡是拿出库房的档案必须认真进行登记、签字，归还时要根据出库记录认真核对、检查。②库藏档案检查制度，是指定期或不定期检查库房档案保管状态的制度。该制度应该规定对库藏档案的数量进行检查；对被毁坏、遗失、损坏文件的数量、情况进行检查；对档案的防护措施和库房设备的安全情况进行检查；对案卷存放秩序进行检查；对档案的调出和归还情况进行检查。③设备管理制度，是指对库房中的所有设备进行登记造册、认真管理、合理使用的制度。制定合理的设备管理制度能保证档案管理设备做到专人管理、合理利用。④清洁卫生制度，档案库房需要制定专门的清洁卫生制度，其标准要高于其他部门，清洁的做法也应有别于其他办公环境的做法。库房清洁卫生要达到以下标准：地板、墙壁、天花板、门窗、灯具保持光洁、明亮；档案柜架及所放档案的包装上没有灰尘；管理人员进入库房必须穿工作服，换拖鞋；与档案管理无关的物品一律不准存放在库房内；建立库房日常卫生检查制度，并做好周围环境的清洁卫生。

（2）库房温度和湿度控制。库房内的温湿度是直接影响档案自然寿命的环境因素。根据《档案馆温湿度管理暂行规定》，库房温度应保持在14～24℃，相对湿度则应在45％～60％。为了控制温湿度，需要对其定时测量并记录，在库房温湿度过大或过小时应及时进行调整，及时清理抽湿机中的积水，及时通风去湿，使温湿度控制在合理的范围内。

（3）档案柜、架的摆放与编号。库房中的档案柜、架应摆放井然有序，便于日常管理。一般来说，柜、架的摆放应符合下列要求：①排列整齐，横竖成行。②避免光线直射，注意通风。③节约库房面积和空间，存取方便。装具不宜紧贴墙壁排放，一般与墙壁有 80 厘米的距离，列与列之间留约 1.2 米的距离，以便工作人员能进行正常工作，每一列的走向应与窗户所在的墙壁垂直，以避免户外光线的直接照射，每一列的装具都应排列整齐。④档案在装具中的存放方式有竖放和平放两种。由于竖放有利于调卷、还卷，档案在装具中一般采用竖放方式存放。竖放时案卷的脊背应朝外，使工作人员可以直接看到卷脊上的档号。平放比竖放更有利于保护档案，空间的利用率也相对大些，但存取不方便，还需要在每一摞中夹纸条或卡片标明其起止卷号，同时要适当控制叠摞的高度。平放多用于保管珍贵档案以及卷皮质软、幅面过大、不宜竖放的档案。⑤为了方便借阅档案和整理档案，必须建立库房档案存放位置索引。档案存放位置索引是一种记录、引导性的管理工具。它是以表册或卡片形式将档案在库房及装具中存放秩序的情况如实地记录和反映出来，以此来指引档案工作人员对档案的调取、归还和其他日常管理。

2. 档案使用过程中的维护与保护

档案进行收集、整理、保管的最终目的是档案的利用，而不是把档案永远静止地存放在库房里。档案的使用会造成档案的损毁，缩短档案的寿命。因此档案保管的工作应该贯穿于档案的使用环节，即在使用过程中应保证档案实体的有序和完好无损。与档案库房管理工作相比，档案使用过程中的维护具有明显的动态性、复杂性，保管工作的重点也会有所不同。做好档案使用过程中的维护与保护工作主要有以下两个方面需要注意。

（1）在工作中，必须建立严格的管理制度并严格执行落实，主要包括以下两方面内容。①档案使用的登记与交接制度。档案无论因何原因被使用，都必须对调卷、还卷及交接行为实行严格的登记与交接手续。档案被借用调出库房要有出库登记，将档案交给使用者以及使用完毕归还时的登记及交接清点、签收手续等均应严格、清楚、细致，责任分明。②档案使用行为的管理与限制制度。在使用过程中，使用者必须遵守相关制度，以保证档案的完整性。这一制度涉及档案使用行为的方式方法及限制档案使用过程中的不良行为、不良阅读方式和查阅方法，防止对档案保管不利现象的发生。

（2）在档案使用过程中采用各种有效的管理方法，认真做好维护与保护工作。

档案的利用方式以现场阅览为基本方式，复制等工作应由档案工作人员承担。通常情况下，档案的利用场所为集中式的大阅览室，一般不为利用者单独安排房间，以免发生问题。

对重要的珍贵档案应实施重点保护。要严格限制利用，重要档案须经馆长或有关部门领导批准后方可利用。利用时不提供原件，只提供复印件。利用中要格外注意监护问题，必要时可责成专人始终陪伴进行利用。对重要档案的复制也应比一般档案有更严格的限制和保护性措施。总之，对教学档案的保管，要以防为主，防治结合。在库房中存放的档案，大多数是没有损坏的档案，只有做好日常的防护工作，才能减少损坏之后的救治任务。所以，如何防止和延缓档案载体的损坏应该是档案保护工作的中心环节。要经常检查库房的案卷，及时掌握档案材料变化的有关情况；防止不适宜的温湿度对档案的影响；防止光、有害气体、灰尘、霉菌和虫害对档案的侵蚀；排查各种威胁档案安全的隐患，防止意外事故的发生。防护的同时要对已遭破坏的档案及时修复，避免受损范围的扩大，以免造成更大损失。修复要及时，选用的方法要稳妥，要不断运用新技术充实修复的内容。要突出重点，照顾一般。对于需要长久保管的档案，应该采取积极措施，加以重点保护，保证其安全并努力延长其寿命。同时，对一般性的档案要适当兼顾，保管条件不能太差，弃之不顾。要立足长远保证当前。档案保管工作要妥善解决保管与利用的矛盾，不是一放了之，它的最终目的是利用，既不能一味强调档案的保护而不考虑利用，也不能只迁就利用而不顾档案的保护。保管工作的各项制度和技术措施等，应符合立足长远保管，保证当前利用方便的要求。

第三节　高校人事档案管理

一、人事档案的重要性

随着我国改革开放的深入，高校的人事档案与其他流动人员的档案一样是由当地人才交流服务中心代管。许多年轻教师由于对人事档案认知度低，档案意识薄弱，在工作变动时意识不到人事档案的重要性，以致办理调动手续时对个人档案不闻不问。一些教师人事档案不健全、内容单一，甚至丢失或下落不明。如果个人档案遗失或档案内容模糊不全，那么教师在职称评定、办理退休时，可能会由于档案上的问题带来意想不到的麻烦。特别是高校随时有教师流向其他事业单位、考公务员等，其在高校时期形成的人事档案就成为过去工作的经历、身份的证明。人事档案记录的德能勤绩体、奖惩等情况，是新的用人单位全面地了解和启用新人的重要依据。随着教育事业的发展，高校教师已成为我国教师队伍建设的重要组成部分，其人事档案管理也应逐渐地纳入干部人事档案管理体系，实行人事档案规范化、标准化管理。

二、人事档案存在问题

（一）“弃档”现象严重

根据国家有关部门规定：县以上人才流动服务机构为流动人员档案管理机构，非国有企业等部门不具有管理人事档案的资格。因此教师人事档案只能由当地人才交流服务中心托管。所有挂靠在该中心的档案，每月需缴纳一定的保管费用。教师个人档案在合同期内是由学校缴纳保管费，也有的是个人缴纳。教师辞职后，有的没开到调档证明、有的没找到合适的工作，反而要补交一笔托管费，导致教师不得已“弃档”。由于“弃档”后，近期内没有人事档案并不影响个人的发展，因此，多年来对人事档案的在意程度日益淡化，对挂靠在人才交流中心的档案不再问津，任由其成为“死档”。有的教师自高校毕业后多次调换工作，对档案的去向从不过问，以致最后不知道自己的人事档案流向何处。

（二）人事档案材料内容陈旧，缺乏可用性

根据相关规定，人事档案要准确全面地反映一个人的德、能、勤、绩、体等方面的情况，归档内容应具有真实性、专业性、动态性和机密性。档案管理人员要及时将反映教师本人工作表现、德才能绩等内容进行归档，做到“档随人走，人档统一”。特别是教师调入、调出时，要检查、完善档案材料内容。教师的人事档案大部分是在校读书期间的入学材料、学籍表、成绩册、毕业登记表、入党或入团志愿书等材料。毕业后进入社会的工作表现、取得的成绩等材料在档案里很难见到。导致很多教师的个人档案出现断档、空白，缺乏真实性、有效性和全面性，档案可用率不高，没有参考利用价值。

（三）人事档案管理制度不完善

由于人事档案管理制度的特殊性，没有专门的人事档案部门和档案管理人员，档案业务生疏，对人事档案的归档内容不清楚。尤其是人事部门由于工作繁重、人员变动的频繁，不能及时收集教师个人在工作期间产生的反映个人成长变化的材料。特别是一些由于管理工作不规范，对收集个人档案材料不重视，不能把教师学历、职称、专业特长、科研成果、技术创新以及德能勤绩等材料及时补进教师的个人档案，并交人才交流中心归档。

（四）档案内容重政治，缺业务、业绩材料

由于强调归档材料的精练性，导致人事档案中大部分是表格、小结、评语等材料，定性描述多，定量分析少。有的受传统观念影响，只注重收集政治活动的材料，轻业务、业绩类材料。大多数个人活动中形成的获奖材料、学历、进修、学术材料等，由于归档范围、归档制度不明确而漏归档。所以很难保证人事档案能如实反映教师的个人情况。现存人事档案里履历表、政审、职务变动、工资变动等材料基本已不能全面反映每一个人的德能勤绩体等多方面的真实情况。

（五）人事档案管理手段落后，信息化水平低，多数单位没有采用人事档案计算机管理

档案管理基本处于手工抄写目录，凭经验、凭记忆查找档案，工作量大，效率低下。人事档案仍延续纸质化管理的老路，职工填好履历表，提交相关证明材料后，就放进档案盒锁进柜子里，不到必要时期，任何信息都无法查找。即使有计算机管理也仅仅停留在性别、年龄、政治面貌等基本信息的记录上，缺乏人事档案系统化、数字化、规范化管理，电子数据利用率低，缺失严重。

三、解决途径及措施

（一）构建公益性、服务型的人事档案管理机构，建立合理的收费制度或免费保管流动人员的档案

对教师人事档案保管费用可采用由单位定期缴纳或保管单位代为收取的方式，减少教师压力。对辞职或去其他单位的教师档案应及时通知调档

或转档，不得以各种借口扣压个人人事档案。档案管理规范的高校，可建立人事档案室，按国家人事部门的规范要求代管本单位教职工人事档案，以便及时补充档案内容。政府部门应加大对人才交流中心的投入，加强档案基础设施建设和专业人员的培养，减轻档案保管部门的经济压力，使档案保管机构由商业性向公益性、服务性转变。

（二）增强教师人事档案的意识

通过培训与宣传，普及法律法规和人事档案管理基本知识等，提高档案管理人员业务水平，做好人事档案材料收集归档工作。对人事档案定期检查，及时补充、完善。同时提高教师自身对人事档案的认识和自我保护意识，使得人事档案管理朝着自我完善、主动移交、规范管理方向发展。加强与教师之间的联系与沟通，督促他们及时更新档案，保证档案的完整性、准确性。

（三）健全归档制度，坚持集中收集、经常收集与多渠道、多形式收集

根据档案材料形成的规律，做到嘴勤、手勤、眼勤，了解各有关部门的工作动态和活动规律，掌握材料形成的信息，建立科学的收集与传递制度，及时将有关材料收集归档，防止时过境迁而造成档案材料的遗忘、丢失和损坏。

总之，人事档案管理必须打破传统模式、明确服务方向、扩大服务范围、提高服务质量。激活人事档案管理，实现档案管理的规范化、科学化、现代化，使人事档案更好地为社会服务，适应人才市场需求。

第四节　高校院系档案管理

一、高校院系档案管理的现状

（一）高校档案管理方式落后，管理人员的管理意识薄弱

目前，我国大部分高校的管理人员对高校档案管理工作的重视程度不高，在他们的意识里高校就是进行学习和科研的场所，忽略了高校档案管理的重要性，对档案管理工作的意识较为薄弱，并且认为高校档案管理的工作不具备真正的教学和科研价值。高校档案管理工作还存在很大的不

足，认识上也存在较大误区，如部分管理人员认为高校档案管理仅仅是进行一些文件档案的装订、整理等工作，不需要进行相应人员的配备，也不需要投入过多的人力、物力、财力等。现阶段我国大部分高校档案馆缺少先进的管理设备，其工作人员仍然使用传统的档案管理方法，档案管理的模式较为落后。例如，在查询相应的信息资料时还需要手工进行逐一的查找，不仅工作效率很低，无形中浪费了大量的时间和精力。

（二）高校档案整理不规范，资料收集不全

高校档案管理的关键在于信息的整理与收集，没有合理的收集就无法高效利用。因此，高校档案管理的重点工作就是对档案进行整理、收集、保管、鉴定、统计等。但是目前部分高校的档案管理人员的专业技能水平较低，无法将档案管理的各环节高效化，造成档案信息在收集和整理的过程中分类粗化。例如，某些高校只重视文书类的档案，对一些影音和声像类的档案不重视，造成档案在整理的过程中出现遗漏，最后造成档案管理工作不够全面和规范。另外，高校在档案管理的过程中经常出现档案时间编排混乱以及档案装订的不规范现象，导致档案管理不完整、杂乱，在档案信息查询的过程中缺乏体系性、科学性，严重影响了档案的利用效率。

（三）高校档案的利用率普遍较低

虽然目前各大高校内均有档案管理室，并且档案室内储存了大量的档案资料，但是高校的师生以及研究人员并没有合理地运用档案室内的资料，造成高校档案室的利用率普遍偏低。其根本原因是高校领导对利用档案室的意识不强，对档案室的作用及意义宣传得不够清楚，导致师生无法正确利用档案室。另外，各高校的档案室由于管理的方式较为落后，导致对档案室资料的利用率较低，同时其收藏的资料年限较远、资料单一，不能够满足高校师生对信息资源的需求。高校档案室应提高管理工作水平及对档案资料意义的认识，管理人员要提高对档案室管理的重视程度，提高档案室的利用效率；档案室工作人员要提高其专业素质及服务意识，充分认识到档案室工作的重要性，这对档案室管理工作的快速发展具有重要的意义。

（四）高校档案管理人员结构不合理，素质偏低

高校档案室虽然是高校重要的组成部分，但是其在高校的利用率却很

低，这与领导对其的重视程度密切相关，学校管理人员对档案室的忽视导致档案管理人才的吸纳力度较小，同时档案室管理人员的工资待遇普遍偏低，致使一些工作人员的专业素质得不到良好的保证。目前高校档案室的工作人员的年纪偏大，懂得计算机技术的人少之又少，工作人员的学历偏低，导致其素质及专业技能得不到更新和完善，最终导致档案室管理水平普遍偏低。

二、提升高校院系档案管理效率的措施

（一）全面制定院系档案规范管理制度，建立集成体系

首先调研院系有哪些文件产生，其次，根据国家、地方、高校有关档案管理的法规与政策，因地制宜制定院系档案管理规范文件，如《院系文件资料归档管理规范》《院系科研文件资料归档管理规范》《院系行政公文工作规范》《院系声像资料归档管理规范》《院系文件材料归档范围》《院系档案工作领导职责》《院系兼职档案员职责》《院系档案室安全保密制度》《院系试卷规范管理的若干意见》《院系教案、讲稿统一规范编写与管理的办法》《院系毕业论文和专业实习归档管理规范》《院系教师个人业务档案管理规范》等。同时建立院系教学、科研、声像、党团、行政、教师个人业务等八大类档案管理体系，为分院档案管理起到了保驾护航的作用。

（二）强化院系档案的宣传工作

高校各院系的档案管理部门可通过多种形式，对全校师生宣传档案室工作内容及作用。例如，可以通过院系的宣传窗，举办与档案室相关的主题展览，召开档案室工作会议，撰写一些宣传档案室工作及意义的文章或举办主题晚会等方式，其主要目的是向全校师生宣传档案室工作的法律法规以及档案室在高校中的地位与意义。又如，可以通过校内的简报以及相关资料的目录索引来查询档案室内的资料信息，普及多种信息检索途径。再如，可以展示档案室利用后带来的社会效果和经济意义，以此增强档案室在师生心中的地位，树立起运用档案室的意识。

（三）重视原始资料的收集整理，加大档案信息资源开发

1. 做到档案接收齐全且完整

影响档案室档案利用效果的重要因素是档案室的档案资料收集得是否

齐全且完整，只有资料收集得齐全完整，才能够满足高校师生对资料的需求，才能提高档案室档案的利用效率。为此，高校领导应该将档案管理的责任分配，将负责的项目细化到个人，实行责任制，确保每个学年都能够收集全面完整的档案数据信息，同时档案室应该对收集的信息进行细致的分类存放，对重要文件进行相应的评估和定期检查，发现问题及时解决，发现缺失及时补全。

2. 加大档案信息资源开发力度

档案的功能是能够生动地记录人物的形象，记录人类社会发展过程的真实信息，是人类精神文明发展过程的直接体现，同时由于其记录内容真实可靠，档案还具有凭证性以及相应的法律效力。档案还能够凸显其共享的价值。档案管理工作的主要内容大致由 3 部分组成，即档案的收集、档案的管理、档案的利用。其中档案的收集是整个过程中的主导；档案的管理是一种手段或途径；档案的利用是其最终的目的。在今后的档案相关工作中要积极进取，主动出击，通过对档案资料的开发利用才能使其发挥最大的价值。例如，工作人员可以将整理好的档案信息发送给学校领导，能够为其决策提供可靠的依据；将相应的档案信息传递给教师或科研人员可以帮助其提高教育效率或科研水平。

（四）提高基层档案工作人员专业技能和素质

档案工作人员是档案管理工作直接执行者，其专业素质的高低直接影响档案管理工作的效果。因此，高校要提高档案工作人员的专业素质。要从档案工作人员招聘的源头控制档案工作人员的素质，招聘有技能、有专业素质、有专业知识的人才充实到现有的档案工作人才队伍中，把握好人才引进的进口关。同时要加强现有工作人员的岗位技能，加强思想道德意识的教育，不断提高档案工作服务意识。随着社会科技及信息技术的不断发展、人们生活水平的不断提高、高校院系新专业的产生与发展，都对档案工作产生巨大的影响，对档案工作人员也提出了巨大的挑战。为了能够使档案工作跟上新时代的发展，其工作人员要努力学习专业知识，拓宽视野，了解行业内的新技术、新思想，充分融合信息化技术、运用先进的科学理论，全方位地加强档案队伍的建设和发展。

（五）注重发挥现代技术手段，实施档案信息化建设

现代社会已经是信息化的社会，快速、高效是现代社会重要的标志之一，计算机网络技术已经应用到生活的各个角落以及日常工作中。而随着现代化技术与档案管理工作的有效结合，档案管理的模式及方法也在不断完善，以适应现代社会科技的快速发展的需求。要以现代化的电子信息技术为支撑保障档案管理工作的改革与发展，为高校师生提供符合其需求的服务，提高档案信息的使用效率。

总之，做好高校档案管理工作是目前高校以及社会发展的现实需要，也是社会对档案信息需求的重要导向，同时能够促进档案管理工作的自我发展和自我完善。档案工作人员在实际工作中要努力探索解决当前问题的新技术、新模式，从而改变档案工作效率低、管理模式落后的现状。

第五节　高校档案管理队伍建设

一、高校档案管理队伍建设面临的问题与挑战

（一）高校档案管理专职人员不够，难以适应规模扩张的需要

高校档案管理是一项对工作人员的专业技术要求很强的工作，而档案室的专职管理人员是档案工作能够顺利完成的必然保证。但是档案工作在高校中没有得到应有的重视，尤其是科学研究工作的大力发展、社会化服务功能的大力提倡，使得教育教学以及科学研究成为高校发展的重点，高校档案管理工作再一次被边缘化，得不到高校领导的重视，导致档案管理工作人员队伍建设无人问津，甚至还会受到高校机构改革、精简人员的影响。最终导致档案管理的专职人员数量越来越少，其队伍建设难上加难，档案科学化管理工作一直处在落后的阶段。

（二）高校档案管理人员学科背景单一，学科知识难以应对多元化的要求

近年来，随着科技的发展与信息化技术的不断完善，高校档案工作的发展从传统的模式到现代化的管理模式，经过了一次质变的过程。从传统档案管理的被动服务、封闭式管理，到现在的主动服务、开放式管理，这种管理模式上的改革和发展，要求工作人员具有主动的服务意识和服务能

力。随着全球化浪潮的到来，高校档案管理过程已经以现代化的管理技术手段为基础，这就要求档案工作人员要具备一定计算机网络技术的知识。而高校作为教学和科研重要的场所，其馆内所藏档案主要以教学、科研成果为主，具有坚强的学术参考价值，这又要求档案工作人员对学科知识有一些综合性了解。

高校档案管理也是一个多元化的管理模式，工作要求具有一定的专业性、技术性、服务性、学科性。但是据目前各高校档案管理人员的统计，大多是本科毕业，其所学专业主要集中在历史学及档案学，工作人员的学科知识背景较为单一，在高校档案管理快速发展的过程中很难适应多元化的管理模式的挑战。

二、加强高校档案管理队伍建设的思考与建议

（一）合理配备专职人员，确保建立一支骨干档案管理队伍

高校档案管理专职人员队伍建设是高校档案管理实现现代化的核心。而对于高校档案管理专职人员的要求，国家教育部门和档案管理部门在2008年已经联合颁布并实施了《高等学校档案管理办法》，其中明确规定高校档案专职人员属于学校事业编制，其配备人数由高校根据其档案室的需求及工作的任务量进行确定。

高校档案管理相关法律法规的实施，为高校档案管理专职人员队伍建设提供了有效的制度支持，各高校应借助政策的东风，积极响应党的号召，适时扩大档案管理人员的编制，强化档案管理的每个岗位人员的配备，健全档案管理队伍。

（二）强化培训，不断提高高校档案管理人员业务水平

可以通过强化培训的方式来增强高校档案管理人员的整体业务水平。具体采取如下的途径：

第一，强化档案管理人员的培训制度，如定期选择部分档案管理人员到相关培训部门进行相应的业务及专业技能的培训或继续教育，以保证档案学科知识的多元化。

第二，要为档案管理人员创造有利的条件，鼓励档案管理人员通过适合自身发展的途径学习相关的知识，尤其要注重计算机技术的学习、外语

的学习，以及档案修复、保管等技术的学习。

第三，高校要增加档案管理人才选拔的机制和渠道，要有意识地吸收有相关经验和技能的人员，如经济类、法律类的人才等，将档案管理队伍塑造成为多学科、多元化的管理团队，提升队伍的整体素质。

第四，高校要完善档案管理人员的考核机制，要提高档案管理人员的服务意识，使档案管理人员队伍积极向上，充满活力。

第四章

高校档案的信息化

第一节　信息化与信息化管理

一、信息化管理的概念

（一）有关信息化管理的观点

1. 将信息化管理等同于信息化

将信息化管理等同于信息化的人为数不少。在有关档案信息化管理和档案馆信息化管理的论文中，大部分都将档案信息化管理理解为用信息技术对档案信息进行管理，将档案馆信息化管理理解为用信息技术对档案馆的文献信息资源进行管理。有学者认为，信息化管理是使用计算机等智能化工具获取、分析、加工、存储、传播与使用信息，并通过对信息的分析和掌握进行有效的管理。

2. 将信息化管理理解为对信息化过程的管理

将信息化管理理解为对信息化过程的管理的人为数不多。有学者认为，企业信息化管理是对信息化这一过程进行全面的管理和控制。也有学者认为，一个组织的信息化管理与运作通常包括信息化规划、信息化组织、信息化实施和信息化评价等环节和相应的管理任务。还有学者认为，政府信息化管理是一个广义的概念，它不仅包括政府自身在信息技术需求和应用过程中产生的项目规划、设计建设和资源整合等管理行为，还包括国民经济和社会发展过程中对信息产业、电子政务、信息化普及、基础设施建设、信息安全、信息化发展环境的管理和调控。

（二）信息化管理的内涵

信息化管理是指对信息化的战略规划、组织实施、工程监理、应用调控及基于信息化的管理创新和绩效评价的过程。

二、信息化管理的内容

（一）信息化组织实施

简单地说，信息化组织实施就是组织信息化项目或信息系统的实施。具体地说，信息化组织实施就是在信息化战略规划的指导下，组织人力、物力和财力，对信息化项目的启动、实施、收尾等各个环节进行指导和监控，完成各类信息化建设任务。信息化组织实施不是从技术角度进行信息系统的设计和实现，而是从管理角度对信息系统的设计和实现进行管理。其具体内容包括信息化项目的需求分析、可行性分析及立项管理，选择信息系统开发方式并实施信息系统开发外包管理，选择合适的信息系统开发方法并对信息系统设计进行管理，对信息技术设备采购、招标和验收进行管理，对信息系统进行测试、评价和验收。信息化组织实施涉及面广，时间跨度较大，是信息化管理的中心环节。

（二）信息化应用调控

信息化应用调控是指信息系统建成投入使用后，为保证信息系统和信息资源的充分、有效和安全利用，对信息系统的使用进行的调节和控制。信息化应用调控包括信息系统的启用与推广管理、信息系统与信息资源使用制度建设与人员培训、信息系统的运行与维护管理、信息系统安全管理等具体内容。信息化的最终目的不是信息系统和信息资源的建设，而是信息系统和信息资源的应用，因此信息化应用调控是信息化管理的重要环节，是信息化应用管理的核心内容。信息系统的应用是一个长期的过程，所以信息化应用调控也是一项长期的管理工作。

（三）信息化绩效评价

信息化绩效评价是指采用一定的方法对信息化建设与应用的成绩和所产生的效果进行评价。信息化绩效评价是信息化管理必不可少的一项重要职能，不仅要对信息化建设水平和信息化应用状况进行评价，也要对信息化应用产生的效果和效益进行评价。信息化绩效评价具有层次性，既包括宏观层次的信息化绩效评价，如国家、区域、行业信息化绩效评价，也包括微观层次的信息化绩效评价，如企业信息化绩效评价、政府部门信息化绩效评价等。信息化绩效评价是一种多准则的系统评价，需要建立客观可行的评价指标体系，运用科学的评价方法，并有完善的评价制度。

第二节　高校档案的信息化建设管理

一、高校档案信息化建设管理过程中存在的问题

档案信息化建设在社会信息化的大环境下，在国家政策的宏观指导、地方政府的大力支持下，以及档案工作者的积极努力下，取得了显著的成效。但档案信息化建设作为社会信息化的产物，在社会信息化的过程中还存在着许多问题和困难，档案信息化建设要真正跟上时代信息化的建设步伐，还有一个漫长的发展过程，这就需要档案管理工作者时刻保持清醒的头脑，在取得的成绩面前要看到自身的不足。目前档案信息化建设过程中存在的问题很多，归纳起来主要有以下几种。

（一）观念陈旧，缺乏全局规划

首先，档案管理信息化是以转变观念为前提的创新性工作，因此一个单位的管理理念直接影响到本单位的档案信息化程度，对于那些习惯于传统的手工管理模式和操作方法的管理人员，即使单位建立了网络，购买了最新的软件系统，也不会改变传统的做法，不会真正把管理系统用起来，而是把档案管理信息化作为一种摆设。其次，缺乏全局的规划性，没有把档案信息化建设纳入单位工作的全局规划，各档案馆的信息化也存在各自为政、各取所需、缺乏统筹安排和协同发展等问题，信息化过程中依然存在着“头痛医头、脚痛医脚”的现象。

（二）利用网络参与服务社会发展的能力不够

目前全国设立档案网站的比率还很低，一些设立网站的信息还比较单薄，大多数网站还没有实现网上检索和网上服务的功能。大部分网站的服务水平还停留在提供原生目录检索阶段，能够提供检索的也是很少的一部分。档案信息化的目的是满足社会对档案信息的需求，因此档案馆所提供的信息应该是比较全面的目录数据库，它不仅包括目录信息、全文信息，

还应包括知识信息等。目录信息是建立档案实体的目录数据库，建立的目录应非常详细，既要有全宗级、案卷级，还应有文件级目录数据库，使用者从目录检索就能了解档案馆档案存储的全部情况，就能在短时间内检索到所需的信息资料。全文信息是档案信息数据库的核心内容，也是档案信息化建设发展的方向。知识信息是指能满足社会需求，对原始档案信息经过加工、提炼的系统信息。目前大部分档案馆、档案室所能提供的信息还只是目录信息，能够提供知识信息的还很少，这必然影响到档案馆的发展进程，影响到信息服务能力的发挥。

（三）档案开放鉴定工作还相对比较落后

档案信息化建设是社会信息化的重要组成部分，信息化的最终目的是以档案实体的数字化信息方式向社会提供服务，这就要求档案管理部门遵循档案开放的原则，在保护保密档案的同时，加大可开放档案的开放力度，这既是国家档案保密法的需要，也是保障公众合法需求的需要。但是目前各级档案馆的开放状况不容乐观。造成档案开放现状差的原因是多方面的：一是对档案法的理解不全面，未能正确处理好保密和开放的关系，造成该开放的未开放。馆藏开放档案一般只满足于做到 30 年期满档案开放鉴定，没有正确理解《档案法》中规定的在不影响国家利益、商业秘密、个人隐私的原则下，科技、文化、教育等档案应及时开放。二是档案开放鉴定理论和标准的制订相对落后，特别是鉴定标准的原则性强、可操作性弱，影响了开放鉴定的进度。三是由于历史原因造成馆藏档案中待开放鉴定的工作量大，在人力和财力上也受到一定的限制。四是对档案信息化环境下档案鉴定工作中出现的新情况、新问题研究得不够，还没有找出合适的解决办法。对于在档案信息化建设中出现的问题，还需要档案工作者不断地探索，找出解决问题的新路子。

（四）对档案信息化建设理论的认识不够

在档案信息化建设的过程中，国家出台了一系列的方针政策，《全国档案信息化建设实施纲要》中提出档案信息化建设的具体实现目标，各地政府也出台了一系列相应的政策措施，但是在信息化的建设过程中仍然存在着许多实际问题，特别是档案信息化建设理论研究力度不够，对档案信息化建设还不能形成完整的指导体系。在档案信息化建设中虽然解决了一些实际的问题，但还存在着一些影响档案信息化建设持续发展的重大问题还未完全解决，比如档案信息化的标准体系、对档案信息化的一些指标体系的定位、档案信息化自身的特殊功能等。随着社会信息化建设的不断深入，一些与档案管理相近的部门取得了很好的成效，比如档案信息情报管理工作，为档案信息化建设积累了宝贵的经验，再加上档案信息化建设过程中管理部门也积累了一些经验，这些经验为档案信息化建设理论的研究积累了宝贵的素材。但作为理论体系来指导实践还与实际需要相差甚远，只有在不断的实践中丰富已有的理论，才能对实践起到真正的科学指导作用。因此，政府应加大对档案建设理论的投资力度，在人力物力上给予大力支持，为档案信息化建设理论的研究创造条件。

二、高校档案信息化建设管理的目标

档案信息化的建设目标是根据国家对档案信息化建设的基本要求，在国家宏观政策指导下建立起来的。它主要包括以下几方面的内容：按照电子政务总体建设的要求，实施电子档案工程；依托局域网、公务网，推进档案数据库建设和办公自动化建设；推进档案事业持续、快速、健康的发展，力争使我国档案信息化建设总体水平接近国外先进档案馆水平。

（一）加强档案信息化建设的基础工作

国家对信息化建设的基础工作非常重视。档案信息化建设作为国家信息化建设的重要组成部分，它的目标、任务和原则应在国家信息化战略目标的要求下，结合档案部门的实际情况和工作需要来制定。

档案信息化建设的基础工作包含的内容很多，概括起来主要有以下几个方面：

1. 硬件基础设施建设

随着电子政务业务的普及和人们认识程度的不断深入，人们对电子政务建设的要求也越来越高，为了适应电子政务建设的需要，各级档案管理部门应加大力度提高计算机的普及率，加强对档案管理人员的技术培训，用计算机管理代替传统的手工管理，添置各种必需的服务器和客户 PC 机；各级档案管理部门还应配置局域网、公务网和因特网安全运行的网络设备和存储设备，购买满足档案数字化需要的配套设备。

2. 加强数据库建设

随着电子政务的不断发展，各级档案管理部门必须根据电子政务建设的要求，建设访问用户的档案检索系统，而档案数据库是档案计算机检索系统的核心部分。各地档案管理部门应本着资源数据共享的原则，不断加强数据库建设，提供更高层次的数据库管理方式，以满足不同层次用户对信息数据的需求。

3. 加强网络环境建设

网络环境建设是档案信息化建设的基础工作，它包括局域网、公务网和因特网建设。要在信息化的建设中实现“三网并进”的战略，就必须做到如下两个方面：第一，依托局域网建设，带动档案管理各个环节的办公自动化，尤其是档案利用服务窗口建设。档案管理的局域网应纳入本地区的局域网信息管理系统，与本地区的公务网、政务网、政府网站同步；各专业、部门、企事业档案馆的网络建设要纳入本系统、本单位办公自动化和业务管理系统。第二，依托公务网、政务网的建设实现电子目录、电子文件数据的接收和传送，依托档案网站的建设，实现档案馆之间的互联互通，实现档案和档案工作的宣传，实现档案资源的社会共享，提高档案资源的利用效率，最大限度地实现档案资源的利用价值。

（二）实现档案资源的整体规划和综合利用

档案管理部门应在“加强统筹规划，促进综合利用，避免盲目发展”的思想指导下，制定档案信息化的整体规划，最大限度地实现档案资源的综合利用。按照“统一、通用、科学、标准、共享”的原则要求，积极应用先进的计算机管理软件；按照国家电子政务的基本要求，加强档案计算机管理系统和办公自动化管理系统的衔接和融合，广泛应用文档一体化管理系统；进一步健全档案网站，不断丰富网站内容，有计划地开放数据库，提供网上查询和利用服务，并逐步增加交互式的网上办事功能；加快使用率高的专题数据库建设，不断增加档案信息资源的数量，不断扩大数据来源和规模，最大限度地实现档案资源的综合利用。

（三）实现档案信息资源的社会共享

档案信息资源作为社会信息的基础资源，已经成为衡量档案馆综合实力的一个重要标志，也是档案馆融入社会，提供公共服务的“资本”。如果把档案网络环境比作道路交通设施，把档案馆计算机软硬件当交通工具，档案信息资源就好比亟待流通的“货物”，因此档案资源建设是档案信息化建设的核心。档案资源建设包括各种载体的档案资料，特别是电子档案的收集，档案馆馆藏资料的数字化和档案信息资源共享体系的建设。

1. 电子档案的归档

随着电子政务的不断发展，大量的电子档案和电子目录是今后档案信息的主要增长点，同时也是档案信息资源建设的源头之一。从档案信息化建设的长远考虑，各级档案管理部门必须加强对电子档案的归档、保管、利用的技术手段的管理，制定电子档案的接收标准和管理制度，根据实际情况，实行纸质档案和电子档案“双轨制”的接收模式，并依托局域网构建电子档案的网上接收平台，开展电子档案目录和电子档案的全文接收，达到省时快捷的建档效果。电子档案目录的建立方便了档案的检索和查找，加速了档案的周转，提高了档案的利用率。

2. 电子档案的数字化管理

传统的档案管理体制下档案多以纸制档案为主，为了适应信息化建设的需要，实现档案信息资源的社会共享，就需要对纸制的档案进行数字化转换。档案信息的数字化包括两方面的内容，即档案目录信息的数字化和档案全文信息的数字化。档案目录的数字化包括全宗级目录、案卷级目录和文件级目录，各级档案馆必须在加快档案著录速度、严格规范著录标引的前提下，建设覆盖馆藏档案的全宗级目录和案卷级目录数据库，一些重要的档案将逐步实现文件级目录的机检，有条件的档案馆可实现全部文件级目录机检。档案全文信息的数字化，应围绕利用需求，以建立高质量的数据库为目标，积极地加以推进。一般的馆藏照片、音视频档案，应全部数字化，一些重要的全宗档案、利用率高的馆藏资料和专题文件，应逐步进行全文数字化，一些条件比较好的档案馆，可建立多媒体全文数据库，形成档案全文数据中心。这样不但方便了电子文档的检索，也满足了电子文件社会共享的需要。

3. 电子档案共享平台的建设

网络环境下的档案信息资源建设，不仅包括自身馆藏的信息资源，还包括馆藏以外的档案信息资源。这种可供双向利用信息资源的实现模式就是建设档案目录中心。档案目录建设的实质是网络环境下各种档案信息资源的“虚拟整合”，以实现更大范围内的资源共享。各级档案馆应有计划地建设本系统的档案目录中心和目录数据库，并通过公务网与主数据库连接，整合各种利用率较高的专题档案目录，建立机读目录的逐年搜集和送交机制。

（四）加强电子档案的安全保障体系建设

随着档案信息化建设的不断发展，档案信息化的安全问题显得越来越重要。国家对信息化的安全问题极为重视，特别是党的十六届四中全会，把信息安全和政治安全、经济安全、文化安全放在同等重要的位置，这在我们党的历史上是前所未有的。档案信息的安全保障体系建设主要包括以下几方面的内容：

1. 建立保证安全的法规制度

尽管我国已经颁布了一系列的安全管理法规，但还缺少国家级的统领全局的信息安全制度。在有法可依的情况下，档案管理机构本身还必须根据国家相关的法律、法规、规章制度制定符合本单位实际的安全保密制度。比如《安全等级保密制度》《电子文件管理办法》《违章操作审计查处制度》，把对信息安全的威胁降到最低。

2. 档案信息的安全管理

在电子文件的形成、处理、归档、保管使用的过程中，档案信息都有被更改、丢失的可能性，即使拥有完善的信息安全技术，也需要有相应的管理措施来保证其得以实施。制定安全的管理制度对于维护档案信息的安全就显得十分重要。

首先要建立科学的归档制度。归档时应对电子文件进行全面、认真的检查，在内容方面检查电子文件是否完整，真实可靠：相应的机读目录、应用软件以及其他相关的内容是否一同归档，归档的电子文件是不是最终的稿件，CAD 电子文件是否反映产品定型技术状态的版本或本阶段产品技术状态的最终版本，电子文件与其他纸质文件的内容是否一致，软件产品的源程序与文本是否一致等。在技术方面应严把质量关，严格检查电子文件是否有病毒存在，确保信息准确性。

其次要建立严格的保管制度。所有归档的电子文件都必须做写保护处理，使之处于安全的状态。在对电子文件进行处理或对电子文件实行格式转换时，要特别注意转换过程中的信息失真。另外还必须对电子文件进行定期的有效性、安全性的检查，发现信息或载体有损伤时，及时采取维护措施，进行修复或拷贝。

最后是建立电子文件管理的记录系统。电子文件形成后因载体转换和格式转换而不断改变自身的存在形式，如果没有相关的信息可以证明文件的内容没有发生任何变化，人们是无法确认它的真实性的，因此应该为每一份文件建立必要的记录，记载文件的管理内容情况，确保信息准确可靠。

3. 维护公共设施的安全

随着电子档案信息应用范围的不断扩大，数字档案信息的安全工作也日益重要。目前威胁数字档案信息物理安全的因素主要有：机房、办公室管理不严，人员随意出入；对电脑文件、数据、资料缺乏有序的保存管理；工作人员对技术防范手段、设备认识不足，缺乏了解，操作不当，造成设备损坏，内部网、电脑办公网与因特网混用。

三、高校档案信息化建设管理的内容

档案信息化建设是一项庞大的系统工程，它的最终目标是实现档案信息资源的共享。为了避免各地信息化建设各自为政，国家有必要制定与信息化建设配套的规划标准以及相应的法律法规，来保证信息化建设的正常进行。

（一）档案信息化的规范化建设

标准规范化是实施档案信息化建设的重要内容之一。在档案资源的收集过程中，资源的存在形式是多种多样的，社会对信息资源的需求形式也是多种多样并不断发生变化的，因此没有标准化的规范体系，数字资源很难保证其内容的长期保存、有效的操作、数据交换、永久性的保管，更难以实现信息资源的社会共享。

目前我国档案信息化系统建设层次标准不一，各种标准的规范性、标准性、共享性较差，还不能完全适应档案信息化建设共享的社会需求。从信息化建设的科学性要求和解决目前信息化建设中存在的各自为政、相互封闭、重复建设的问题出发，在档案信息化建设中必须总体规划，制定统一的规范化标准，这是做好信息化建设的最基本的工作，也是必须做好的首要工作。所谓标准，是对重复性的事物和概念所做的统一规定。它以科学技术和实践经验的综合成果为基础，经有关方面协商，由主管机构批准，以特定形式发布，作为共同遵守的准则和依据。

（二）档案信息化基本设施的建设

1. 软硬件的基础设施建设

网络的建设是以计算机为基础的。它是用基本设施和线路，将多个计算机连接起来，再用网络的信息软件进行信息的传递，实现资源的共享。网络硬件的基础设施主要包括：网络的布线、交换机、路由器、配线柜、电源等设备；终端计算机、输入输出和存储编辑等设备。软件系统包括：网络管理、服务器数据管理、因特网的节点控制等软件。

2. 网络的数据库建设

用现代化的管理手段代替手工管理方式，对收集来的档案信息资源进行信息化的处理和存储。数据库是档案网络化建设的重要组成部分，是重要的网络资源，要加强网络化建设，就必须加强数据库档案资源的信息化建设。

3. 数据库管理人员的培养

数据库管理队伍的建设是档案信息化建设的重要组成部分。当前档案管理人员的整体素质与信息化建设的总体要求还有较大的差距，因此档案信息化建设必须加强人才队伍的建设来提升和改造传统的档案管理和利用方式。在档案信息化建设的过程中，人才队伍的建设包括：一是档案信息化建设的组织领导体系，负责档案信息化建设的决策、规划、推进、指挥，为档案信息化建设提供良好的工作环境；二是具有领导能力富有组织领导责任的领导人，这些人具有信息化的意识和时代的紧迫感，能够在自己的领域内，大力推进档案信息化的进程；三是数据库管理人员，负责档案信息化建设具体内容的实施，他们是档案信息化建设的骨干力量。现有的大部分档案管理人员缺乏信息社会应有的素质，所以目前人才建设的重点是立足于现有人员的培养，提高档案管理者的整体素质。

（三）档案信息资源的建设

信息资源的开发利用是信息化的核心工作，是信息化工作取得实效的关键。目前我国信息资源在开发利用中还存在许多问题，信息资源的开发不足利用效率不高，基础设施和应用系统落后，政务信息公开不快，跨部门信息共享困难等，所有这些问题严重制约了我国档案信息化建设的发展。档案的信息化建设要想在信息化的社会中求得生存和发展，就必须把档案管理融入信息化的网络环境中，才能提高档案的利用率，提升档案自身的利用价值。

1. 档案信息资源的主要内容

一是接收的电子文件档案，对电子文件的接收和管理是档案信息资源建设的重要内容。二是馆藏档案，是目前最主要的信息资源来源，是档案信息化建设的重点工作。三是网络信息资源的获取，档案信息化建设是我国信息化建设的组成部分，所以它的发展不可能离开整个社会信息化的大环境，档案信息化建设要想不断得到发展，就必须扩展自己的工作思路和范围，这样才能给信息化建设以更大的发展空间。四是其他资源的获取，档案信息资源还包括信息人员、信息技术、信息系统等。

2. 档案信息资源建设的构成体系

一是数字化处理前的准备，档案信息从数字化处理角度可以分为符号信息、静态视频信息、动态视频信息和音频信息。每一种信息都有不同的处理方式，因此要对不同的信息制定不同的处理方案，最大限度地将档案实体上的信息保留下来。因此档案信息数字化前的准备工作，对数字化档案信息的质量起着十分重要的作用。二是数字化处理子系统。这一部分是整个系统的核心部分，它利用各种设备系统对不同类型的档案信息分别进行处理，然后录入数据库，进行必要的组织和管理。它包括：①电子文件的处理系统，即对电子文件的接收和实行统一规范的管理，以及提供网上查询利用服务；②数据存储子系统，可以按不同类型存储在各类数据库和文件系统中；③档案馆藏数字化处理系统，它是对非数字化的档案，采取不同的方法处理，成为统一的数字化档案信息。

（四）档案信息资源数据库的建设

档案信息资源数据库是档案信息化建设的核心部分，档案信息的数字化网络化工作都要围绕着数据库建设来进行，其工作结果都要存储在数据库中。首先要确保数据的准确性。数据的质量对于数据库的质量起着实质性的作用，其建设要以国际标准、国家标准为依据，必须做到数据的准确，要保证存储的数据规范、真实、完备。数据准确是对档案数据的最基本的要求，数据规范是指档案数据库的数据著录项目符合规范要求，对于目录数据库要依照事先确定好的著录标准进行建设。其次要确保数据的有效性。要采用通用的文件格式标准记录档案数据，特别是对一些图形、图像、声音等信息，要采用标准和通用格式进行记录，降低未来有可能进行的数据存储格式转换和数据迁移的成本，杜绝馆藏数据无法读出的情况的发生。三是确保数据的稳定性。重要的数据库结构、数据著录标准确立后，不能轻易变更，以维护系统的稳定性和数据规范的连续性。

第三节　信息时代高校档案的发展

一、档案信息化的意义与发展原则

（一）档案信息化的意义

1. 催生新的理论

（1）新来源观。新来源观，即来源不仅指文件的形成机关，还包括它的形成目的、形成过程等。应用领域也不只限于实体整理与分类，在检索、鉴定、著录、凭证确认等活动中也具有重要作用。它的典型应用就是《国际档案通用著录标准》中强调的“多级著录”，美国、加拿大、澳大利亚等国家档案馆的机读目录系统就是严格按照全宗、类、案卷、文件这样的层级来展现的，以此来体现文件之间的有机联系。

（2）后保管模式。后保管模式，也是档案记录革命的产物。它是将重点从档案的实体保管转移到信息利用上，从档案的内容转移到其形成过程、文件反映的职能、文件之间的联系上。档案管理者也由被动的保管员转变成关于业务职能、文件联系的知识的主动提供者。

（3）文件连续体。文件连续体，它构建了一个由文件形成、业务活动、价值表现和文件保管四个坐标轴，生成、捕获、组织、利用四个维度组成的立体化的理论模型，用以描述文件生成、管理、保存中的各种要素及其相互影响。它提醒文件、档案工作者要以整体、联系的观念管理文件和档案，要在文件生成的同时或之前就参与或介入文件管理。

2. 促进管理效率的提高

（1）档案管理的自动化和档案实体管理的简化。档案管理系统可以实现管理过程的自动化，如归档、存储、鉴定、统计分析等，还可以简化档案实体管理，如立卷、实体分类等，从而减少工作人员的劳动，缩短时间，提高效率。

（2）历史档案原件得到保护。主要是两个方面：第一，代替原件提供使用。使用者可以直接查看数字化的版本，从而减少对原件的损害。第二，以电子的方式传承历史。无论保护措施多么完善，档案载体的寿命都是有限的。但是将其数字化，格式选择得当，就会使档案信息长期保存。

3. 促进服务水平的提高

（1）能够提高查询效率。在档案信息化的条件下，不仅缩短了查询时间，查全率和查准率也有所提高。越是跨时空、大规模、综合性的查找，这种优越性就表现得越明显。

（2）服务内容和手段的丰富。档案工作者可以将多种媒体形式的开放档案全部发布，将这些档案信息与其他数字信息有机整合，并以超链接、超媒体的方式提供便捷的访问途径，还可通过电子邮件、微信等手段提供服务。

4. 促进交流与合作

档案信息化的技术应用、系统设计到利用需求，都在变化着，新问题也在不断涌现，这就要求档案界加强与外部的交流与合作，学习经验，交流心得，寻求各方面的支持。这对于档案工作和档案工作者来说既是机遇又是挑战。

5. 促进人员素质的提高

从电子文件管理到数字档案馆建设，从对业务流程和业务系统的支撑到公共服务，对档案工作人员在专业素质、综合素养等方面都提出了更高的要求。

6. 有助于提升公众信息生活的品质

档案是文化艺术宝库，通过信息技术搭建的平台，使这座文化艺术宝库的用户数量呈直线上升。它不仅可以满足历史工作者的需求，还能够满足广大人民追根溯源的需求，提高民族文化的认同感，提高信息生活的品质。

7. 推动信息产业的发展

档案信息化对于软硬件产品的需求是推动信息产业发展的重要力量。同时，档案也是数字内容产业的原始素材，部分历史档案可以做增值开发。

（二）档案信息化的发展原则

档案信息化的意义深远，任务繁重，要实现它的稳定和快速发展，必须要遵循一定的原则。

1. 注重效益

档案信息化的效益主要体现在两个方面：一是合理的投入产出比；二是工作成果的可持续性。国家和地方都非常重视档案信息化的发展，投入了大量的资金进行信息化建设。但是出现了许多问题，如因格式选择不当导致电子文件无法阅读成为“死档”；对数字化对象的范围鉴选不当，导致数字化资源束之高阁等。因此，档案部门要特别重视信息化效益，保证投入的有效产出比以及档案信息化的可持续发展。

2. 统筹规划

国家和地方以及各行业都有必要开展相应的档案信息化规划工作。档案信息化是一个长期发展的系统工程，要素众多，投资不菲。为充分发挥各方面的积极性，避免重复建设和盲目建设，促进信息交换与共享，提高档案信息化的整体水平，需要对各阶段的目标、任务、措施进行总体规划和部署，分步实施，有序推进。

3. 需求导向

从规划到实施，从法规建设到标准制定，从系统开发到资源构建，都应切实以需求为导向，认真调研，广泛论证，集思广益。只有面向档案管理和开发利用的主要需求，解决工作中存在的实际问题，才能提高信息化项目的实际效果，并有助于档案信息化的持续推进。

4. 保障安全

在电子环境中，档案安全保护的任务主要有保密、防止数字信息的丢失、失真和不可用。在信息时代，档案安全保护的难度加大，因此要求在健全法规、统一标准的基础上，加强档案信息的安全保障工作，正确处理信息开放与安全保密的关系，搭建信息安全保障体系，从各方面维护数字档案信息资源的安全。

二、高校档案信息化的意义

高校档案信息化的意义与其他档案信息化的意义大体上相同，但是它有自己独特的意义，主要有以下两点。

第一，高校档案信息化是高校档案事业适应社会发展的必然选择，是档案事业发展的客观要求。随着高校发展速度的加快，规模的加大，高校档案的数量和门类也随之增加，出现了各种形式的档案载体。

第二，高校档案的信息化建设是推动教育事业发展、加强高校的内涵建设和深化高校教学改革的要求。

三、档案信息化发展战略

（一）国外信息化发展战略

世界各国都十分重视信息技术，已经认识到它对政治、经济、社会等领域全面而深刻的影响。信息技术这种广泛的渗透性，正演变成影响国家综合实力、国际竞争力的关键因素。所以，美国、俄罗斯、日本、欧盟、韩国、印度等，都针对信息技术革命制订了发展战略。

（二）我国档案信息化发展战略

2002 年发布的《全国档案信息化建设实施纲要》从六个方面制订了我国档案信息化发展战略：档案信息化基础设施建设、档案信息资源建设、档案管理应用系统建设、档案信息化标准规范建设、档案信息化人才队伍建设以及档案信息安全保障体系建设。

在国家档案事业发展“十五”“十一五”“十二五”“十三五”“十四五”规划中都强调了档案信息化建设的重要性。在加快档案信息化入法的基础上完善档案信息化标准规范体系，使档案信息化成为技术标准清楚、质量要求准确、可操作性强的建设项目；加快档案信息资源体系、服务体系、安全保障体系的建设；加强档案信息化的理论体系研究；推进档案信息化成果共享与交流，搭建交流平台；把评估作为一种控制手段，建设一个科学、合理、可行的档案信息化建设评估体系。

第五章

高校档案的数字化

第一节　档案数字化的内涵

一、高校档案数字化的概念

（一）数字档案馆的概念

数字档案馆在最新的牛津字典上是“Digital Archives”，简称为DA。但是对于“Archives”这个词却又包含两种释义，一是档案馆，二是库。在英文翻译的过程中使得其本意更加偏向于库，而不是档案馆。对于数字档案馆，如果按照字面上的意思，无非就是把现有的档案进行数字化，但是这就有点望文生义的嫌疑。“Digital Archives”是一个很有内涵的词语，其代表的不仅仅是数字档案馆这单一的概念，如数字信息馆、数据库、数字档案等都是可以用DA来解释的。

随着现代化进程的发展，大数据和网络化成为人们生活的必需品。因此，数字化档案馆的出现可以说是社会发展的必然产物，它在融合了现代科学技术和文献知识的基础上加入了传统的历史文化特征，这不仅改变了传统文化静态的文献阅读方式，更实现了超时空信息服务的新境界。例如，多媒体数据的存取、远程文件的网络传输、历史文献的智能化检索等。现今，数字档案馆不仅成为社会信息化建设的重要标志，而且也是衡量一个国家高科技领域建设的一个重要标志。

所谓的数字档案馆其实质就是一种多媒体的分布式信息系统，是用数字技术来处理和存储图文信息和文献的档案馆系统。它通过不同的载体，不同的地理位置和技术方法来实现信息文本的跨区域传播和存贮，其面对的对象则是通过数字化技术来获取知识的个体。它不同于传统意义上的档案馆，其涉及的内容较为繁琐，如信息源的加工、存储、查找、传输和网络维护。简而言之，数字档案馆是一门全新的技术成果，是智慧的结晶，是历史发展的必然。它是虚拟意义上的档案馆，并不设有围墙和门槛，它是基于网络环境下的知识共享。档案馆的数字网络系统包含了很多其他档案馆所不能代替的意义和价值，如规模的宏大、分布的形式、使用的限制、时空的阻碍，跨地域和时间限制文献的传输等。

（二）数字档案馆内容的特征

1. 资源数字化

资源是档案馆的物质基础，档案馆资源的数字化则是档案馆成功建设的基本保障。对于数字档案馆来说，如何发挥其数字化资源的优势是衡量数字档案馆是否发挥作用的标志，而要想发挥档案馆数字化资源的优势则在于其数字化的工作。在档案馆资源数字化的进程中，存在着许多问题亟待解决。例如，在数字化的过程中，应该做什么、怎么做。首先做什么是一个决策性问题，其决定了未来档案馆的发展方向，主要包括两个因素，一是档案馆本身的性质，也就是创建数字档案馆馆藏资源的特色；二是当今社会对知识的需求。其次怎么做则是一个具体的实施过程，这需要参与建设的人员提供一套较为完善的数字档案馆的规划及实施方案，在标准和方案的指导下进行数字档案馆的建设，如数字档案馆“采编流”机制的建设，以及其他保障档案馆正常运行的机制的建设等。又如，数字档案馆对数字资源的偏好问题，数字档案馆应该尽量吸收一些可以给读者直接提供所需信息的数字化资源，而不仅仅局限于二次文献。但是其中有较少的读者会需要二次文献提供的信息，即二次文献就是读者需要的最终信息，因此，数字档案馆的组成也要包含一定的数目数据和索引文献。数字档案馆的 0 和 1 包含了世界上所有的信息类型，书籍、期刊、录音、古本、字画等只要属性相同都可以被数字化，达到同时获取的目的。

2. 存取形式网络化

高速、便捷的数字化通信网络是数字档案馆存在的基本保障，没有数字网络的存在数字档案馆是不可能存在的，可以说数字档案馆完全依附于数字网络而存在。数字档案馆内数字化资源的存储和以网络为终端的读者对档案馆内资源的取用都是以数字网络为载体的。网络既方便了读者的阅读，同时网络也限制了读者的阅读，因此网络的运用程度决定了数字档案馆作用发挥的程度。数字档案馆的内部是用局域网构成的，其内部数据的传输和外部数据的取用均是通过广域网连接到互联网。

3. 分布式管理

数字档案馆的分布式管理是数字档案馆发展到一定阶段后出现的，意味着全球的数字档案馆都在遵循统一的访问协议，这样档案馆就可以实现所谓的“联邦检索”，这就意味着全球的数字档案馆可以向互联网一样相互连接，全球的数字资源即成为一个整体，分布式管理使得数字档案馆变成一个全球性质的档案馆。在分布式管理的内容中，对于 TCP/IP 协议的遵守是至关重要的，只有全球都遵守一个相同的 TCP/IP 协议，才能在互联网存在的今天实现数字档案馆的全球化，因此技术标准和协议的制订是数字档案馆成功的重要条件。

4. 规范的软件系统

一套规范的、标准的数字档案馆软件系统是数字档案馆赖以运行的有力保障，其软件系统的主要构成模块有 5 种，分别为信息的存取与创建、数字信息的存贮与管理、用户的访问与查询、动态信息的发布和访问权限的管理。系统所起到的作用与档案馆管理系统类似，即数字档案馆的维护管理和用户服务。

二、数字档案馆的使用方法及作用

数字档案馆的使用方法就是以知识概念为引导，通过对关键信息的查询如文字、图像、声音等，利用互联网的相互性传输，从而使使用者获得相关数字化信息的过程，以达到信息资源共享的目的。任何一个拥有电脑终端的用户都可以通过互联网上的相关界面直接登录数字档案馆，进行信息的搜索，搜索的方式、过程及最后信息的获取都不受时间、空间的限制，可以在任何一个信息空间获得所需要的信息资源。

数字档案馆的建立和运行对社会产生了十分重要的影响。数字档案馆不仅仅是一个完整的知识系统，在其中更是蕴含着对未来互联网发展的信息管理模式，它适用于社会的各个方面，如社会文化、教育、大众媒体、电子政务等一切可以传播信息的社会组织。随着计算机技术和互联网研究的深入，数字档案馆也正从信息的烦琐处理向简便化发展。

三、数字档案馆的特点

数字档案馆和以往传统的档案馆相比，二者在基本的文献信息的提供、揭示和信息的传递上的作用是相同的，都是人们在想要获取信息的前提下进行的信息有序化和增值传递的过程。但是二者在其他的方面还存在着较大的差异。例如，在处理对象上的差别、在工作程序上的不同、在表现形式上也存在着很大的差异。数字档案馆的建立使档案馆的意义得到了升华。虽然数字档案馆的主体部分还是档案馆，但是数字档案馆的建立却使传统意义上的档案馆获得了一个全新的内涵。在建设与实践的过程中，其表现出了不同的属性特点。首先在背景上，数字档案馆是在科技知识迅猛发展的基础上，在人们的知识储备以几何级数增长的社会化学习的背景上发展起来的。其次在服务内容和结构上，数字档案馆服务内容和结构的多元化形成了自主型的知识获取体系，人们可以根据自己的所需，自由地对知识进行选择，这种体系更加符合现在人们的生活、学习和工作的需要。人们可以在任何场合随时自主地进行学习，提高自己的知识储备和文化素养。最后在获取知识的状态上，数字档案馆的建立使得档案管理人员和档案需求者进行了有效分离，在这个过程中，查阅者成为服务的主体人员，这大大地改变了查阅者的阅读方式，使查阅者的学习更加灵活、多样。以上因素就构成了数字档案馆的显著特点。

（一）高校的计算机管理

数字档案馆利用计算机对数字化信息进行管理，也对其他业务工作进行管理。

1. 信息储存空间小且不易被损坏

数字档案馆和传统档案馆相比，明显的优势是不需要处理一些纸质的文献、书籍及其他的书刊等。数字化档案馆是将信息资源数字化之后进行的储存，其一般储存的形式有光盘和硬盘两种，与纸质资料信息比较其占地更小且易于存储。在传统的档案馆中所面临的最大的困难就是资料的保存问题，纸质资料在经过大量的阅读后会发生严重的磨损，这样就造成一些比较珍贵的资料，一般的读者是看不到的，而数字档案馆则有效地避免了这一问题。

2. 信息查阅检索方便

数字档案馆会配备一些相应的文献查阅工具，如电脑查阅系统，读者可以通过使用电脑对所需要的文献信息进行一些关键字词的查询，这样就可以迅速找到大量的相关信息。而传统的档案馆，大都需要通过检索、查找卷宗、按照检索的序号才能找到相应的档案。数字档案馆查阅过程相比较传统档案馆更加方便。

3. 远程迅速传递信息

传统档案馆建设的面积和地方都是受到限制的，其位置是固定不变的，读者想要获得相关的信息只能去固定的档案馆进行查阅，这样会浪费大量的时间。而数字档案馆的建立则有效地避免了时间上的浪费，查询者可以通过互联网进行快速的信息传递，而仅仅需要用户在登录界面上进行简单的操作即可。这样不仅可以忽略用户与档案馆空间上的距离，而且也在时间上做到了节省。这种优势是传统档案馆所不具备的。

4. 同一信息可多人同时使用

对于传统档案馆的纸质档案，由于其特有性质所决定的，每本卷宗每次只能满足一位用户的需求。而数字档案馆则打破了这种限制，由于数字化资源信息的共享性，通过相关服务器和终端的不同，一种信息可以同时满足多人的共同查阅，这样大大提高了信息资源的使用效率。

（二）以网络化传递为手段

数字档案馆通过各种电子通信手段，特别是因特网等网络，连接数字档案馆和网上信息中心等，提供各种分散的地区、国家和国际上的信息数据库的联网查询服务。数字档案馆跨越了时间和空间的限制，使用户通过互联网，在任何时间，从任何地点都可以进入数字档案馆，获取符合自己需求的信息内容。数字档案馆具有信息传播与发布功能。

与传统的档案馆不同，数字档案馆已经并将实现由文献的提供向知识的提供的转变。数字档案馆将图书、期刊、照片、声像资料、数据库、网页、多媒体资料等各类信息载体与信息来源在知识单元的基础上有机地组织并链接起来，以动态分布式的方式为用户提供服务；而自动标引、元数据、内容检索、不同数据库的互联等知识发现与组织的技术将成为数字档案馆发展的技术关键。数字档案馆信息提供的知识化将会为广大用户提供“知识水库”“学术银行”“数据仓库”。由于信息加工组织的知识化、智能化和完备的信息检索系统的建立，使数字档案馆能够为用户一次性地提供所需要某一主题的目录、论文和著作的全文、图片、图像、声音等各种知识信息。总之，数字档案馆信息提供的知识化，使信息加工趋向智能化，为读者用户创造了一个良好的有利于产生和发现新知识的信息环境。

（三）数字档案馆类别上的特点

1. 数字档案馆使用对象的特点

与传统的档案馆相比，数字档案馆的服务对象是社会的全体成员，数字档案馆对信息需求者的性质没有具体的要求。数字档案馆为人们的学习提供了一个可以自由选择的方式和学习的内容，尤其是对于想要查阅却没有条件支撑的用户，数字档案馆为其查阅和信息的获取提供了非常便利的条件和良好的查阅氛围。

2. 数字档案馆公共性质的特点

数字档案馆可以是公共性质的档案馆也可是非公共性质的档案馆。数字档案馆的建立是为了满足社会发展和个人对知识信息的渴望，面对不同社会性质的需求者，数字档案馆体制的建立、办馆形式的确定、服务的适合人群必须朝着多形式、多层次的方向发展，以满足社会各界的需求。

3. 数字档案馆建馆场地的特点

数字档案馆其固有的特性，对其建设场馆没有固定的要求，只要有互联网的存在，用户就可以通过网络进行自主查询。用户可以在档案馆内查询，可以在档案馆外查询，可以在工作的环境下查询，可以在家里查询，这种不受地域干涉的查询环境打破了原有只能在馆内查询的限制。因此，在相应的档案馆内查询变成了人们的一种选择，而不是唯一的选择。

4. 数字档案馆服务目的的特点

从接受档案馆服务的目的来看，可以是教学和科研的需要，可以是学习的需要。

随着科学技术的发展，信息化技术的不断进步，档案数字化流程一定会在工作实践中得到完善和补充。

第二节　高校档案数字化的要求与关键技术

一、档案数字化工作的要求

（一）遵循国家的法律法规

档案数字化加工和服务要在法律框架和行业规范下进行，以保护合法权益，避免非法利用。档案数字化工作需要遵守的法律法规主要有以下几项。

1. 关于档案公开和保密的法律法规

高校档案部门提供数字化档案信息服务，既要履行法定的信息公开义务，又不能泄露国家秘密和学校秘密。主要的法规有《中华人民共和国档案法》《中华人民共和国保守国家秘密法》等。

《中华人民共和国档案法》规定：保密档案的管理和利用，密级的变更和解密，必须按照国家有关保密的法律和行政法规的规定办理。《中华人民共和国保守国家秘密法》规定：国家秘密是关系国家的安全和利益，依照法定程序确定，在一定时间内只限一定范围的人员知悉的事项。

2. 保护知识产权的法律法规

《中华人民共和国著作权法》规定，像部门档案、个人档案等，这些档案的数字化加工可能涉及其复制权，网络发布、提供利用可能涉及其发表权、信息网络传播权、汇编权，此类档案的数字化加工和提供服务可能引起法律争议。虽然《信息网络传播权保护条例》规定：档案馆、图书馆、纪念馆、博物馆、美术馆等可以不经著作权人许可，通过信息网络向本馆馆内服务对象提供本馆收藏的合法出版的数字作品和依法为陈列或者保存版本的需要以数字化形式复制的作品，不向其支付报酬，但不得直接或者间接获得经济利益。

3. 隐私权保护的法律法规

数字化档案的服务不得侵犯个人的隐私，关于这一点已经达成了共识。档案数字化工作要注意保护私人信息不受他人非法搜集、刺探、公开利用和侵扰。我国现在还没有专门的法律法规保护隐私权，只是散见于其他的法律法规中，如《中华人民共和国民法典》《中华人民共和国民事诉讼法》《中华人民共和国未成年人保护法》等。档案数字化实践中的个人隐私保护，应当充分尊重国际惯例，尊重当事人的意见。

4. 网络服务行为规范

在一些情况下，除了通过网络提供原文和目录信息的查找服务之外，以数字方式加工三次文献并出版发行也是开发利用的具体方式，这时需要遵守《电子出版物管理规定》《互联网出版管理暂行规定》等有关规定。

（二）目标合理

高校档案数字化的目标在于建立高质量的、便于使用的数字化资源，可以长久保存、反复使用，可以被广泛、方便地获取，可以应用于不同的环境。目标主要包括以下三方面。

1. 方便用户查询和利用

数字形式的信息最大的优点在于易于复制、更改、快速检索、异地传输、远程利用等操作。数字化可以极大地提高档案信息的实用性，为档案价值的充分发挥创造便利条件。这也是档案数字化工作最为重要的目标。

2. 汇聚分散保存的档案信息

通过网络可以汇聚高校分散存储在各部门的档案信息，实现在更广范围内的资源整合和资源共享。目标的合理性很大程度上体现在数字化对象的鉴选上。《纸质档案数字化技术规范》（DA31－2005）中规定了两大鉴选原则：一是合法性原则，进行数字化的档案必须符合国家档案开放规定以及其他有关规定，属于开放范畴的档案才能数字化；二是价值性原则，属于归档范围且应当永久或长期保存的、社会利用价值高的档案可进行数字化。这两大原则要结合各高校的具体情况加以灵活运用。

3. 保护档案原件

档案数字化可以减少对传统档案载体的损害，有效地保护档案原件。此外，档案数字化的异地保存，还是防范天灾人祸对档案造成毁灭性打击的有效方法。

（三）强化核查

档案数字化工作的内容较多，开展工作的人员众多，容易造成质量差错、安全事故风险，因此，要强化监督、审核和检查工作。

1. 数字化档案与原件进行核查

数字化档案与其原文件进行核查，包括对文字内容的校对，图像、音频、视频质量的检查，密级校核等。如果发现问题，及时弥补。

2. 机读目录核查

机读目录是档案检索的依据，因此应当确保其准确和完整。对这项工作的核查要十分重视，可以开展多次校核。

3. 数据挂接核查

用户如果想获取档案原文信息，不仅目录要准确，档案数字化原文还要与机读目录之间建立准确的挂接。一般采用抽查的方法来进行数据挂接核查，抽检比率不低于5%。

4. 安全审查

安全审查贯穿于档案数字化的全过程。档案的出库、入库、拆卷、装订要进行检查，确保原文件不损坏、不丢失，内容不泄露；数字化的加工、存储、组织服务、维护阶段要对各种安全技术、安全管理措施的效果进行检查。

二、数字档案馆特色服务的概念

随着社会的发展和工作形式的要求，档案馆应转变其固有的思想观念和传统的服务工作，以适应现代社会发展的需要，而数字档案馆的特色服务正是档案馆行业的亮点所在。

关于数字档案馆的特色服务目前尚没有统一的标准和规范，但是根据内容和服务的性质，结合数字档案馆的特点，总结数字档案馆的特色服务是“人无我有、人有我全、人全我精”，即凡是以某种特色档案信息、某种特色服务形式和某一特定的能够为读者服务的就是特色服务。数字档案馆特色服务的主旨是在整个用户查阅的过程中，档案馆要突出自身的资源性质、自身在服务方面的优势和特色，能够在为用户服务中收到特殊的效果和反馈。这就要求档案馆的馆藏信息、服务方式和手段要区别于传统档案馆的服务方式，更加突出数字档案馆的强针对性、高专业化程度、突出优势等特点，能够为用户更好地进行服务。

三、数字档案馆开展特色服务的有效途径

（一）数字档案馆文献信息的特色化建设

在数字时代的大环境下，信息资源的数字化已经逐渐地成为一种趋势，比如期刊、电子文献等都是较为流通的传播文化信息的有效手段。档案馆作为现代化传播信息的主要场所，为既达到共享的目的又能够完善地保存现有的纸质文献的前提下，档案馆文献信息的数字化得到了社会各界的广泛认同。文献信息的数字化是为了更好地达到为读者服务的目的，因此，建设具有特色服务的档案馆成为发展的必然。数字化档案馆要想具有特色的服务，首先必须使其馆藏文献信息具有特色，在数字档案馆的建设上要注意馆藏文献结构特点并要突出其特色，各类型的档案馆馆藏要在学科和专业上有所侧重，因为馆藏的学科和专业是一个档案馆赖以生存的根本所在，是档案馆特色建馆的重要标志。档案馆只有开发出具有特色的馆藏信息资源才能将档案馆的特色服务推向市场、推向网络，才能在信息市场上占有重要的席位，才能更好地为用户服务。

（二）数字档案馆特色数据库的开发

为了数字档案馆能够长久的发展，在建馆时不仅要注重特色馆藏文献的建设，而且更要注重特色数据库资源的开发。建立健全具有本地特色的数据库是档案馆数字化建设的基础。特色数据库建设的特点就是要充分显示本地区独有的特色资源。我国的数据库在开始建立的阶段，由于缺乏统一的规划，各档案馆各自按照不同的标准建立起的数据库存在着诸多缺点，如建设数据库的结构不合理，建设的数据库内容重复，建设的规模、容量已经和社会的发展不协调，档案馆的服务能力较差，数据库的内容较少等使得各档案馆的资源共享程度较低。随着互联网的发展，信息存储和检索不再受到地域的限制，人们可以自由地对想要了解的文献信息进行查找，实现了各地区网络资源的共享。

（三）数字档案馆服务方式特色化

数字档案馆的收藏体系和特色数据库的建立，是数字档案馆开展特色服务的有利条件。现代档案馆收藏的目的是使所收藏的档案能够发挥其应有的效用，而不是将其收藏保存，这就要求档案馆要以特色的方式来开发

档案的用途，从而提高数字档案的利用效率，扩大数字档案的影响范围，使档案馆的特色服务真正地起到其应有的作用。

各档案馆应该在现代科技的基础上结合传统档案馆的服务方式，彻底地摒弃传统档案馆的被动式服务，主动积极地利用互联网的信息资源为用户提供更方便、更快速、更便捷、更现代化、更科学的特色信息服务。例如，开放式和远程式的网上服务，可以通过局域网和校园网的特色数据库的信息为师生提供信息化导航服务；还可以根据客户的具体要求，对网上的信息进行筛选和优化等。

（四）数字档案馆服务对象的特色化

特色化服务的对象是指定的用户群体，包括一些重点的用户，即那些在某一领域或某一专业具有较高的文化水平或较高的成就的专业研究者和决策者，或者是对某一文献信息有兴趣的用户。他们利用特色文献的目的是研究和学习，同时指定用户还包括一些特殊的群体，如具有阅读能力的残障人士、病人、犯人、老人和小孩等。

四、数字档案馆数字资源的特色服务内容

（一）统一检索

所谓统一检索，其基本思想就是在同样多个相互共享的资源库中进行信息的查询和文献的提取，从而使用户能够找到其所需要的信息，因此，统一检索又被称为跨库检索、异构资源检索、集成检索、一站式检索等。

统一检索的需求由于数字档案馆的数字资源库所涵盖的知识信息过于庞杂，用户想要检索一种资料往往要登录几种不同的界面去查找相关的信息，当所要查询的数据来源较少时对用户产生的影响较小；当资源较多时，就会花费用户大量时间，因此，统一检索的出现是网络发展、数字档案馆资源的多样性和结构的差异化所产生的必然的结果。可以这样说，统一检索的出现是数字档案馆资源服务的一个理想的结果，它将数字档案馆的网络门户变成了检索门户的一个统一的入口，用户只需要一次检索操作就能够准确、快捷地获取想要的数据内容，这极大地提高了人们获取信息的能力和效率。

（二）虚拟参考咨询

虚拟参考咨询服务，是档案馆利用网络技术所推行的一种咨询服务，是档案馆业务在传统的业务上通过网络的一种延伸。虚拟参考咨询服务又被称为数字参考咨询、在线参考咨询或远程参考咨询等。在虚拟网络的环境下，管理员能够接受来自全世界不同国家和地区的不同用户发来的各种信息，然后按照实时回复或统一问题批量回复的方式，对用户进行服务的一种方式。和传统的档案馆服务相比，虚拟参考咨询服务打破了地域上的限制，大大地提高了服务的时效性和方便性。另外，利用互联网技术还可以进行不同地区在同一平台为用户解答一些问题，这样也弥补了服务人员不足的状况。

但是，在互联网高度发达的情况下，尽管虚拟咨询服务已经达到了令人满意的效果，尽管其融合了很多先进的技术，尽管其服务的效果也很好，却难以引起普通民众的关注。造成这种结果的原因是多方面的，其中主要是档案馆资源建设在参考咨询服务中所提供的大部分是学术型的文献信息和资料，与普通民众的生活距离较远；另外就是虚拟咨询服务相比于其他的网络开放信息，并没有充分地利用网络技术。在网络时代，民众的参与是互联网发展的力量源泉，只有大众都参与的网络平台才能够真正地服务于大众，才能得到更好的发展。

（三）馆与馆的相互借鉴

馆际互借（InterArchives Loan，IL）是档案馆领域的一个传统业务，其目的在于通过各个成员馆之间的协作，实现资源共享、服务共担、优势互补，是传统档案馆服务能力的扩展。数字技术的出现给了该业务以新的动力，网络的出现使得馆际互借的效率极大地提高，并能够实现“7×24”的服务方式。而资源普遍数字化后，特别是数字档案馆的出现，使得馆际互借在运作形式上发生了巨大的改变，不再需要物流的过程，事实上也不需要“互借”，从而极大地提高了响应速度，降低了运行成本。从服务类型上来说，馆际互借包括了返还式的馆际借阅和非返还式的文献传递，以及代查代索三种方式。但是，对于数字档案馆而言，只有非返还式的文献传递与其业务形态完全一致，返还式的馆际借阅和代查代索实质上还是传统业务的延伸，属于档案馆业务自动化范畴。不过，这并不意味着数字档案馆在馆际互借方面能力不足，因为在网络发达的今天，人们对于时间和效率的要求很高，传统的文献索取方式，成本高、周期过长往往超过了现实所能容忍的时间，因此即使对于传统档案馆而言，服务内容也主要以非返还式的文献传递为主。

（四）联合编目

联合编目，又叫联机联合编目，是指利用计算机和网络，由多个档案馆共同编目，合作建立具有统一标准的文献联合编目数据库，并在此基础上实现共享编目成果。

联合编目的初始目标是通过馆际间的联合，降低重复劳动、提高编目质量，实现信息资源的共享。但是由于历史和管理体制等因素，现在已形成了多个规模较大的联机数字档案馆特色资源共享与服务研究编目中心，这就必然导致在标准规范、质量控制、协作共享等方面产生很多具体的问题。最为典型的就是同一档案的数据在不同体系下所编制的数据并不一致，出现了“加入编目中心越多，工作量越大”的现象，同时也影响了相互间的合作。面对这种现状，最理想的解决方案是能够形成一个统一的编目中心，或者几个大型编目中心在规则和标准方面达成一致。但是，由于管理以及经济等方面的因素，这些目标并不容易达成。

五、档案数字化的关键技术

档案数字化过程中每一个阶段都会用到现代科学技术的支持。这里主要讲述将模拟信息转化为数字信息的数字化加工技术及将数字化加工所得信息加以识别以提高计算机处理能力的自动识别技术。

（一）数字化加工技术

数字化加工技术因档案的不同材质和记录方式不同而不同。纸质档案、照片、底片、缩微胶片的数字化主要采用的是扫描技术。如果扫描效果不好，或者载体无法扫描时，可以采用数码拍摄的方法。而录音档案和录像档案则主要采用针对声音、视频的模数转换技术，还可以采用数字录音、数字摄像的方法。

1. 扫描技术

扫描是通过扫描仪将档案原文图像转换成电子文件的技术。各高校可根据档案的特点和经费情况来选择扫描仪的种类。

（1）扫描仪的技术指标。

● 光学分辨率。光学分辨率是指扫描仪在扫描时所达到的精细程度，是衡量扫描仪性能高低的重要指标。它通过扫描元件将扫描对象每英寸可以捕获的点数来表示，单位是 dpi（dots per inch）。dpi 的数值越大，扫描的效果越好。它表示的方式是用垂直分辨率和水平分辨率相乘。如 600dpi×1 200dpi，其中前一个数字代表扫描仪的横向分辨率，后一个数字代表扫描仪的纵向分辨率。扫描仪的纵向分辨率是横向分辨率的两倍，有时甚至是四倍。因此，在判断扫描仪光学分辨率时，应该以最小的数值为准。

● 灰度级。灰度级反映了扫描时提供由暗到亮层次范围的能力，即从纯黑到纯白之间平滑过渡的能力。灰度级越大，扫描结果的层次就越丰富，扫描的效果越好。常见的灰度级为 8 位，即 256 级。

● 扫描幅面。扫描幅面反映的是扫描仪所能扫描纸张的大小，它取决于扫描仪的内部机构设计和扫描仪的外部物理尺寸。扫描的幅面尺寸一般有 A4（297 毫米×216 毫米）、A4 加长（216 毫米×356 毫米）、A3（297 毫米×420 毫米）几种，工程扫描仪还有 A0（841 毫米×1 189 毫米）幅面。

● 扫描速度。扫描速度是扫描仪的一个重要指标，是指扫描仪从预览开始到图像扫描完成后，光头移动的时间。扫描速度的表示方式一般有两种：一种用扫描标准 A4 幅面所用的时间来表示，另一种用扫描仪完成一行扫描的时间来表示。扫描仪扫描的速度与系统配置、扫描分辨率设置、扫描尺寸、放大倍率等有密切关系。

● 接口类型。扫描仪与计算机连接的接口类型有 SCSI、EPP、USB、IEEE1394 等。

（2）扫描仪的种类。

● 平板扫描仪。主要扫描反射稿件。它的扫描区域为一块透明的平板玻璃，将原图放在这块玻璃平板上，光源系统通过一个传动机构做水平移动，发射出的光线照射在原图上，经反射或透射后，由接收系统接收并生成模拟信号，再通过 AD 转换成数字信号，直接传送到电脑，由电脑进行相应的处理，完成扫描过程。平板式扫描仪的扫描速度、精度、质量很好，光学分辨率在300～800dpi，已得到很好的普及。

● 胶片扫描仪。支持大幅面快速胶片扫描，图像不需要拼接。扫描后的图像自动转换为数字化DICOM/DICONDE格式，方便光盘进行胶片图像长期存储、快速查询、调阅光盘图像，方便对外交流。光学分辨率在1 000～2 700pi。全中文界面，操作简单。

2. 录音档案的模数转换技术

通过放音设备、音频采集卡、音频输入线、计算机等设备和相应的音频数字化软件共同搭建而成的档案数字化转换系统，可以将模拟声音信号转化为数字音频信号。

（1）音频模数转换器。音频模数转换器，是把经过与标准量（或参考量）比较处理后的模拟量转换成以二进制数值表示的离散信号的转换器，简称ADC或AD转换器。音频模数转换器最重要的参数是转换的精度，通常用输出的数字信号的位数的多少表示。转换器能够准确输出的数字信号的位数越多，表示转换器能够分辨输入信号的能力越强，转换器的性能也就越好。AD转换一般要经过采样、量化及编码三个过程。

在实际电路中，有些过程是合并进行的，如量化和编码在转换过程中是同时实现的。

（2）采样。模拟的声音信号是连续变化的。采样是指每隔一定时间间隔，采集模拟声音信号的幅度值作为样本，以样本表示原来的信号。采样频率是采样过程中的重要技术参数，即每秒钟采集多少个声音样本，这是用数字信号表达声音精确度高低的参数。采样频率越高，即采样的时间间隔越短，声音波形就表达得越精确。理论上采样频率应大于声音信号最高频率的两倍，常见的采样频率有11.025千赫兹、22.05千赫兹、44.1千赫兹、48千赫兹等。其中，达到CD音质的采样频率为44.1千赫兹。

（3）量化。量化是指度量样本幅度值并表示为二进制码的过程。量化之前要规定信号的量化精度。量化精度又称样本大小、量化比特率，是指样本振幅值的等级，一般用二进制位数表示，如8位、16位等，达到CD音质的量化精度是16位。16位的量化精度可以划分为65 536个量化级别。根据量化精度，可以明确每个量化级别对应的幅度范围，将样本幅度值与之比较，就可以得出离散的量化值。量化精度越高，量化级别就越多，声音还原效果就越好。除了量化精度外，本阶段的主要技术参数还有声道数，常见的声道数包括单声道、双声道、5+1 声道、7+1 声道等，声道数越多，音质越好。

（4）编码。编码是指用相应位数的二进制代码按照规定的格式表示量化后的样本。编码阶段的技术参数有编码方式、文件格式、压缩算法等。常见的编码方式包括脉冲编码调制（Pulse code modulation，PCM）无压缩编码和 MPEG－1 Layer3 压缩编码方式等，利用前者可形成 WAV 格式的音频文件，利用后者可形成 MP3 格式的音频文件。MAV 格式也支持多种压缩算法，通用性好，保真度高，常用作音频文件的存档格式。MP3 压缩比高，音质较好，是互联网上流行的音频格式，可用于录音档案的提供利用。此外，还可采用 RM、MOV 等流媒体格式提供网络利用。凡压缩编码形成的音频文件，在使用过程中，重复编码和解码会导致内容质量的损伤。

3. 录像档案的模数转换技术

通过录像设备、视频采集压缩卡、视频输入线、计算机、编辑机等设备和相应的视频数字化处理软件共同搭建而成的录像档案数字化转换系统，可以将模拟视频信号转化为数字视频信号。主要过程包括采样、量化和编码。录像档案数字化过程比录音档案数字化过程复杂得多，除了采集音频信号之外，还要采集视频信号，而后者是由一系列静止的图像组成。录像档案数字化之后形成的视频文件，可根据用途选用 MPEGI（VCD 格式）、MPEG2（DVD 格式）、MPEG4、RM、MOV、ASF 等的一种或多种格式。其中 MPEG1、MPEG2 主要用于存档，MPEG4、RM、MOV、ASF 则是用于网络传输的流媒体格式。目前档案部门多采用 MPEG2 格式，相应的数据传输率不低于 4Mbps。

（二）数字化识别技术

在档案数字化领域得以应用的识别技术主要有光学字符识别技术和图形矢量化技术，还有一项具有很大潜力的语音识别技术。

1. 光学字符识别技术

（1）定义。光学字符识别技术（Optical Character Recognition），是

通过图像处理和模式识别技术对光学的字符进行识别，是自动识别技术研究和应用领域中的一个重要方面。它是一种能够将文字自动识别录入到电脑中的软件技术，是与扫描仪配套的主要软件，属于非键盘输入范畴，需要图像输入设备，主要是与扫描仪相配合。

（2）工作流程。

● 图像采集。通过扫描仪等光学设备将图像传入计算机，这是第一步。

● 图像预处理。任务是将整体图像分割为一个个的文字图像，包括图像的正规化、去噪、图像校正、图像分析、文字行与字分离等。

● 特征抽取。这是光学字符识别技术的核心，目的是捕获字符的主要特征。特征分为两类：统计特征和结构特征。统计特征，如文字区域内的黑点和白点的数量比；结构特征，如笔画端点、交叉点之数量和位置。现在，大部分采用的是结构特征抽取法。

● 对比特征。特征抽取之后，将之与比对数据库或特征数据库中的记录进行比对。

● 判断识别。根据不同的特征，选用不同的方法进行比较，识别出字符。

● 人工校正。光学字符识别技术的识别率还没有达到100%，自动识别后，人工校对和更正是必需的，汉字、英文字母和数字的混排以及标点符号都是容易出错的地方。

● 结果输出。应将识别结果以恰当的方式进行存储，可以单独存成一份计算机文件，也可以将有关数据填入数据库中。

2. 图形矢量化技术

（1）定义。图形矢量化，是对扫描所得的光栅图像数据加以分析、识别，最终重建其中的图形对象，形成矢量数据的过程。矢量化的图形是用直线和曲线来描述，这些图形的元素是一些点、线、矩形、多边形、圆和弧线等。矢量化后的图形可以利用计算机直接调用、编辑、计算、统计，分析图形要素，如点、线、面等，从而提高图形的利用效率。在工程设计、工程管理、测绘等领域应用得比较广泛。

（2）优点。矢量化图形有很多优点。首先，矢量化图形由简单的几何图形元素组成，比较紧凑，所占存储空间小；其次，矢量化图形易于编辑，对其进行编辑的时候，如进行旋转、拉伸、平移等操作，仅需要修改相应几何图形元素的参数即可；第三用矢量表示的对象易于放大或者压缩，而且不会降低其在计算机中的显示质量。矢量化图形的缩放能够保持边角的尖锐等特性，不会出现模糊影响显示质量。

3. 语音识别技术

语音识别技术，也被称为自动语音识别（Automatic Speech Recognition，ASR），其目标是将人类语音中的词汇内容转换为计算机可读的输入信息，例如按键、二进制编码或者字符序列。它所涉及的领域有信号处理、模式识别、概率论和信息论、发声机理和听觉机理、人工智能等。其应用受到语音的词汇量、清晰度、口音等条件的限制。现在的语音识别技术还不够成熟，档案数字化领域还没有使用，但是它具有巨大的潜力。

第三节　数字档案馆的建设

一、数字档案馆的形成

（一）数字档案馆的概念

随着计算机技术、数字存储技术与网络技术的迅速发展，数字时代已悄然到来，数字信息大量产生，给档案信息组织与管理带来了巨大的影响，于是便有人提出了数字档案馆的概念。1994 年 1 月，美国档案界的代表人物玛格丽特·海兹乔姆在第二届国际人文学者与技术大会上提交的名为《电子档案馆：网络环境的集成与利用》的论文中，首次提出了“电子档案馆”的概念。1996 年，美国电子记录管理专家戴维·比尔曼在第十三届国际档案大会上做了《虚拟档案》的报告，提出了数字档案馆的构想，并建构了虚拟档案管理的元数据体系。1998 年，我国的冯惠玲教授在《无纸收藏——〈拥有新记忆——电子文件管理研究〉摘要之二》文中概括了电子档案馆的概念，即“电子档案馆亦可称为‘数字档案馆’‘虚拟档案馆’‘无墙档案馆’，它不是一个实体机构、一个存放处的概念。”2000 年 5 月，国家档案局将“数字档案馆工程研究与开发”列入本年度全国重点档案科技攻关计划。从此，档案界便开始了数字档案馆的研究和建设工作。数字档案馆的概念出现后，档案界对它进行了探讨和研究。

（二）数字档案馆的发展

我国数字档案馆的发展经历从概念的引入到提法统一，从理论探索到实践应用，从模式推广到政策推动，从经验总结到深入发展共四个阶段。随着云计算、物联网、移动互联网等新一代信息技术的推广应用，数字档案馆的发展也面临着大数据时代的机遇和挑战，处于从档案信息资源建设和管理系统开发转向信息资源的利用与共享的转折时期。首先我们要根据现在国内的现状，制订合理的建设对象；其次，要借鉴国内外数字档案馆的建设经验，统一规划和组织；再次，馆藏数字化时要有所选择，以利用者为中心提供信息资源服务；最后，做好人力资源的投入，立足培养档案管理人员的专业技能。

二、数字档案馆的建设

（一）数字档案馆建设的现状

信息资源数字化建设已经成为一个国家信息基础性建设项目。美国在1991年就开始研究数字化资料馆，之后英国、法国、意大利、日本、德国等也都相继开始研究数字化资料馆。数字档案馆建设已经成为一种发展趋势。

目前，我国正在有目的、有计划地开展数字档案馆的建设，并得到不断推进。深圳、青岛是我国最早进行数字档案馆项目建设试点和规划的两个城市，取得了大量的实践经验和理论成果。此后，北京、浙江、上海、天津、福建、江苏等地先后开展了数字档案馆的建设和规划。

（二）数字档案馆建设的内容

1. 数字档案馆体系建设

数字档案馆的体系建设分为宏观和微观两个方面。宏观主要是根据国家信息化建设和档案事业发展的总体要求，进行设计，建立起一个以高校综合档案馆的数字档案项目为核心的数字档案馆体系。要制定体系中每一成员都应遵守的信息集成、信息交换和应用集成的管理标准、业务标准与技术标准，规范体系内成员的协同工作方式，建设统一的数字档案馆门户，促进信息资源的整合与共享。微观上主要是明晰数字档案馆建设项目的基础设施建设和安全保障要求、资源建设职责与标准、业务工作流程及应用系统功能需求设计标准等，优化资源配置，减少重复投入，增强数字档案馆建设项目的科学性和有效性。

2. 数字档案馆基础设施建设

数字档案馆的基础设施建设主要是指以下几个方面。

（1）网络。网络建设需要遵循以下原则：①标准化及规范化。为了确保不同厂家设备、不同应用连接的互操作性，应该选择支持国际标准的网络接口和协议，以提供良好的开放性环境。②整体规划与安排。从广义数字档案馆建设的全局和全面工作需要出发，考虑数字档案馆的地理分布和通信条件，整体规划网络建设方案，对网络系统的总体结构、服务功能、经费预算、建设步骤做出具体安排。③可扩展性。为保证系统不断扩展的要求，有利于工程的分步实施，在经济预算合理的前提下，系统要预留功能扩展的接口。④可管理性和可维护性。数字档案馆管理系统应该强调方便、实用和安全，具有可管理性和可维护性，能满足实际使用需要。⑤经济实用性。数字档案馆要因地制宜，在充分整合现有资源的基础上，有效使用公共基础网络资源进行馆间互联，建设统一管理传输平台。

（2）主机。主机要兼顾 CPU 的运算能力、内存及硬盘容量诸方面对系统应用的可靠性、可用性、可扩展性及安全性等方面的影响因素。

（3）应用服务器。应用服务器应该具有稳定与可扩展的架构，又可提供一个易于开发和管理的应用环境。

（4）输入输出设备。包括高速扫描仪、胶片扫描仪、视频采集卡、数码照相机、数码摄像机、激光打印机、光盘刻录机等。

（5）数据存储设备。包括磁盘阵列、磁带机、光盘塔等。存储体系要考虑容量、应急能力、兼容性，便于保护重要资源。要根据数字档案馆的物理位置分布、存储对网络总体性能的影响、档案利用的特点、网络现状，选择合适的存储方式。

（6）数据库。服务器端要采用高性能的可用数据库软件。

（7）操作系统。应选用稳定、安全、友好、兼容性强的操作系统。

3. 网站建设

数字档案馆的网站建设是发布信息、提供档案信息资源集成利用服务的平台，是建设的重要内容之一。档案网站建设要美观大方、简洁明快、功能便捷、主题鲜明，应该具有科学性、知识性、美观性，充分体现档案馆神圣、凝重、休闲的文化形象，提升档案馆的影响力。

（1）建立信息发布系统，及时发布档案政策法规、国内外档案工作动态信息，公布开放档案，展示主题档案信息。

（2）建立档案信息查询系统，设立特色档案资源库，便于用户对档案信息资源的检索利用。

（3）建立交流互动系统，及时收集用户的反馈意见，解答用户的各种问题，增强档案馆与用户之间的联系与互动。

（4）建立多媒体档案展示平台，利用多媒体档案内容的真实性、形式的生动性、传播的便捷性、利用的大众性等特点，以声像图文并茂的方式进行展示，提高档案信息资源的利用效率。

（5）建立手机档案馆，拓展网站服务功能。借助移动通信等流行的大众传媒，方便用户随时随地访问档案网站，接收数字档案信息，拓展档案信息的服务范围、服务能力和传播效果。

4. 数字档案馆信息安全体系建设

信息安全体系包括技术体系和管理体系两方面。技术体系主要是指数字档案馆系统设备的物理安全保障、网络安全保障、系统安全保障以及应用安全保障等。管理体系主要是指数字档案馆的组织架构和管理制度等。

5. 标准规范体系建设

标准与法规是数字档案馆建设的重要保障。一个完善的标准规范体系的制定，应该借鉴国内外先进的标准规范，优先采用相关国际标准，吸收、参考相关行业规章制度和技术标准，适时制定国家标准规范和行业标准规范，根据本地区和各高校的实际情况，制定相关的地方标准，逐步形成数字档案馆建设所需要的标准规范体系。

三、数字档案馆建设存在的问题

数字档案馆与传统的档案馆相比，虽然有很多优势，但是也存在着许多问题。

（一）基础理论落后

数字档案馆在基础理论方面还比较落后，没有形成一个完整的理论体系，已有的只是关于建设意义和发展前景的宏观性描述。数字档案馆的发展大部分是依靠实践推进，理论支撑和指导能力有限，而且在认识和建设方向上存在着分歧。基础理论研究的落后成为数字档案馆向更高阶段发展的理论瓶颈。

（二）信息资源建设匮乏

数字档案馆在信息资源建设方面，目前还比较匮乏，与充分满足社会利用的数字档案信息需求量相比，差距较大。信息资源建设与开发利用能力普遍落后于基础设施建设；档案信息数字化缺乏统一的规范和标准，能否形成有效链接，提供远程利用，有待实践检验；馆藏中还存在结构单一的现象，影响利用成效。

（三）技术标准不完善

电子文件管理和数字档案馆建设的标准研制虽然在提速，但还不够完善，没有相应的多媒体档案管理标准、数字档案管理技术标准、数字档案馆评价标准等。没有标准体系，不仅会使数字档案信息资源成为一座信息的孤岛，而且还会使电子信息的永久性消失。

（四）法律法规不健全

2020 年 6 月 20 日第十三届全国人民代表大会常务委员会第十九次会议修订了《中华人民共和国档案法》，并于 2021 年 1 月 1 日起施行。但该法对数字档案馆的地位、管理、利用等相关规范仍不健全。数字环境下，电子档案的法律地位问题需要确定。如何对档案著作权、知识产权、隐私权进行保护，并处理好数字档案信息保密与信息共享利用的关系，在实践中仍是难以平衡的问题。数字档案馆的运行、建设中的相关法律法规不是孤立的，需要与电子文件管理问题协同解决，才能更好地保证和促进数字档案馆的良性发展。

（五）安全风险问题突出

数字档案馆的信息资源虽然采取了异质异地备份等保护措施，加强对数字档案信息和载体的安全保护，但是，立足于网络档案信息安全和数字档案信息长期保存的数字档案馆安全保障体系还未完全建立起来，各种潜在的技术安全风险和网络攻击风险时刻存在，威胁着数字档案信息的安全。

四、数字档案馆的系统构成

（一）数字档案馆系统的基本组成

数字档案馆存在的价值和意义是为了解决用户对信息资源的需求，是为用户提供功能强大、操作简单、易于使用的档案服务体系。从用户使用的功能上可以将档案馆分为：用户界面、句柄系统、搜索引擎系统、资源储备库等四个部分。

1. 用户界面

通常情况下，数字档案馆是借助互联网的浏览器作为用户浏览的操作界面，即使用 Web 浏览器作为用户的操作界面的工具来实现用户与数字档案馆的对接，同时数字档案馆也是通过用户界面来完成用户所需要的最终的服务。此外，由于用户人群基数的影响，使得用户对数字档案馆的需求各不相同，用户界面的内容形式、结构编排、服务方式等也是非常复杂的。用户对数字档案馆的服务要求主要体现在对用户界面操作的简单灵活方面。

2. 句柄系统

句柄系统是对长期标识进行分配、管理和解析的一个独立的综合系统，同时，句柄系统也对全球唯一的、长期的、独立于地址之外的数字资源进行全面的分配、管理和解析。在句柄系统中，当本地空间通过调度系统获得的一个命名授权后，就可以将此授权的命名纳入全球的调度空间内，这样上传到全球调度空间的本地命名就成为本地唯一的命名授权。

3. 搜索引擎系统

搜索引擎系统是将信息资源从数据库内，通过检索的方式找出符合用户需求的信息，其创建是通过数据的自动扫描、管理者的手工录入和干预，或是其中几种方式的结合而实现的。客户机将所要查询的关键信息提交给索引服务器后，服务器会返回与搜索信息相匹配的数字对象的统一资源命名（如调度码），并且，索引服务还提供相应被检索信息的元数据和查询机制。

4. 资源库

数据库主要是实现数字信息的存储和管理的功能，一般情况下，数字信息的管理是由具体的关系型数据库完成的。应用程序通过资源库提供的访问协议，可以对数据库进行访问。访问协议的性质决定数据库对数据的处理情况，如可实现数据的存储、数据的复制、数据的移动，删除相应的数字对象等。

（二）数字档案馆的递进构架

数字档案馆系统是建立在以软硬件相结合的基础上来实现数字化信息的内容和功能上的融合，同时通过软硬件系统的组合来实现用户对信息资源的需求，而数字化信息的多元化又决定了软件的实时适应能力，即数字档案馆系统的软硬件一直是处在最为复杂和先进的系统中来完成其相应的工作。数字档案馆系统的主要框架大致分为三个递进层次，即数字档案馆、数字档案馆系统、数字档案馆管理系统。

（三）数字档案馆系统的分布式结构

当数字存储时代来临之前，人类大部分数据是由人脑进行存储的，数据的处理也是由人脑完成的，但是由于人脑的存储和处理的容量相对受限，会造成大量数据的流失，因此人们还是将大多数的数据信息存储在档案馆，当需要时再从档案馆内进行提取。当今时代，随着电子信息技术的快速发展，数字技术的迅速普及，人们提出了新的数据存储的方式，即基于计算机网络的数字化信息的存储。著名的冯·诺依曼体系架构也是这时被人们所共知的。当时的计算机都遵循冯·诺依曼体系架构，但是冯·诺依曼体系架构的缺点是，随着计算技术和网络共享技术的发展并没有考虑到数据的共享情形。在网络时代，大量的计算机设备通过网络形成了一个相互联系又相互独立的计算系统，人们总结出了数据存储通用的模型，即二级存储模型（SAN 模型和 NAS 模型）。

1. 分布式对象存储

随着信息技术的迅速发展和更先进的软硬件系统的诞生，人们在创建数字档案馆的过程中，发现的对象存储系统使数字档案馆的建设成为现实。对象存储系统不但改变了 SAN 和 NAS 存储模式的弊端，而且更保留了NAS的数据共享的优势，使用更高级的抽象接口替代原本受限的接口，使其垂直的树状结构变成更能够实现其功能的扁平结构，从而提高了系统的扩展性、可靠性和平台的无关性等存储特性，实现了安全数据共享的完整体系结构。

2. 中间件的结构

所谓的中间件是一类基础性软件，其存在于操作系统软件和用户软件之间的位置。中间件是独立的系统软件或一种服务程序，分布式办公软件通过中间件来完成不同系统中资源的共享和利用。由于中间件作用和性质的不同，中间件又可以分为下面几类。

（1）基于远程过程调用的中间件。基于远程过程调用的中间件，是一个允许应用程序中调用远程程序的过程，它们的调用就如同本地调用。基于远程过程调用的中间件还可以实现一个查询远程过程的链接机制，并能够使调用方在透明的形式下使用，这种类型的软件不仅包括基于过程的程序而且也包括基于对象的组件。

（2）面向消息的中间件。面向消息的中间件，又称为基于MOM的中间件，是通过信息的发送和接收进行的数据交换模式来发挥分布式应用程序的作用。

（3）基于对象请求代理的中间件。基于对象请求代理的中间件，主要作用是使应用程序的对象能够在其他网络之间得到分布和共享。

五、数字档案馆馆藏文献数字化建设

所谓馆藏文献的数字化，是指将档案馆的一些纸质文献、图片文献和其他类的文献通过特殊的手段，使其变成可以用网络编码0或1的形式进行的储存、获取、处理、传递的技术。随着电子技术的发展，许多电子文献或出版物、一些网络化的数据信息的采集，使得档案馆中越来越多的文献信息一入馆就是数字化的信息。而相对于数字化技术还未完善的档案馆而言，主要采用的基本技术主要包括以下几种：

（一）录入技术

录入技术是目前馆藏文献数字化最基本的技术和方法，是指通过各种录入方式将未数字化的文献内容或书刊等文献进行文本转换，利用

HTML语言进行编辑上网。录入技术的优点是通过录入数字化的文献信息，其空间占有量较小，能够节省大量的空间；缺点是由于录入方式的限制，其录入量大、耗时长，在录入的过程中产生错误的概率较高，不适用于大批量的馆藏文献的数字化转化。当前主要的录入方式包括人员手工录入、手写录入和智能语音录入等。其中由Adobe公司制作的PDF全数字化格式，因其优异的性能而广受大众的欢迎，当使用PDF全格式录入时，在实现全文检索的同时又能够显示出原有版式，这是其受到欢迎的根本原因，但是由于其制作的成本过高，在数字编辑软件和汉字识别软件的不断更新和完善后，录入技术的缺点也会得到较大的改善，使其准确性和录入的速度得到较大的提高。

（二）扫描技术

扫描技术是目前最常用的能够快速将大量印刷型资料数字化的技术，是国内档案馆馆藏文献数字化的主流技术。扫描技术的优缺点一样明显，其优点是能够节省大量的空间并且网络传播的速度较快；其缺点是文献数字化的速度较慢，且制作数字化文献的成本较高。其具体的操作过程是采用光学扫描仪或者是数码相机等设备将印刷型文献或其他类型的文献通过模数转换的形式将其变成位图的形式，而所谓的模数转换是指将模拟信息转变成数字信息的方式，以方便用计算机进行后期的处理。转化后数字信息的质量则是由之前模型信息的质量所决定的，采样点的分辨率越高，则图片越清晰，转换成的数字信息越准确。目前采用较多的扫描设备有平板扫描仪、旋转鼓扫描仪和手持扫描仪等，用于处理静态图像或图片。如果需要数字化的资料比较珍贵的，会采用更加专业的扫描设备，其色彩还原性和图片的分辨率更高，所得到的数字化信息和原版更加接近。

（三）压缩技术

由于数字化文献信息所占的空间较大，一般情况下档案馆会将这些文献信息以压缩的方式进行存储，尤其是一些音频文献、音频动态文献、视频文献、清晰度较高的图片文献等都会以压缩的形式存储，因此，压缩技术质量显得十分重要。通用的压缩格式和压缩标准包括CCITTG4－TIFF、JPEG和JPEG2000等。其中，JPEG和JPEG2000是图像文件的压缩格式，由于其拥有更高的压缩空间和更多的辅助功能而受到广大人民群众的喜爱并获得了极大的推广，目前网上的绝大部分图像都是采用这种压缩标准和压缩格式的。

（四）馆藏文献数字化的其他技术

数字档案馆的数字化还可以直接通过相关的系统软件生成，或者获取类似的数字化文件，或者通过一定的软硬件对文献进行加工转化后都得到相应的电子文档的技术。例如，计算机动画生成文件、GIS 地理信息系统的生成文件、CAD 设计文件、语音识别文件、电子合成音乐文件等。

六、数字档案馆资源建设的共建共享

（一）数字档案馆特色资源共建共享的现状

随着计算机技术的不断发展，各种互联网相关的软硬件的不断更新和完善，为数字档案馆的文献信息资源的共建共享提供了良好的生存和发展的条件。网络信息资源生产和使用的社会化进程，对推动档案馆文献资源建设产生了巨大的力量。当前，由于地区和环境的差异，当地的档案馆结合自身馆藏的特色、地域差异的文化特点、不同区域资源的优势对数字档案馆特色资源的共建共享进行了深入的发掘，以便为读者提供更多更具特色的资源。

所谓的特色资源主要包括两个方面，一是地方性特色资源，二是学科性特色资源。地方性特色资源主要是指某一固定地区特有的资源，其具有一定的影响力和较大的发掘价值，如地方的历史文化、风俗习惯、风土人情、宗教信仰、名胜古迹等文化领域。学科性特色资源主要是指各高校档案馆根据各校的书籍收集情况和特定的学科对文献的需求量，在重点学科、重点实验项目、重点专业设置等方面具有一些专业特色的文献资源。

1. 基于特定区域的特色资源共建共享

基于某一特定区域的特色资源主要是以不同的形式进行的划分，如地方特色、学校特色、专题特色等。其中地方特色主要是指某一特定的地理区域内，人们长期生活所遗留下的习惯和地方性独有的历史文化背景等，如黄山学院的“徽州文化资源库”；海南大学的“海南名胜古迹游数据库”

等。学校特色是指高校档案馆针对高校自身的特色所进行的资源建设。例如，各高校的精品课堂数据库、各高校档案馆建设的博士硕士论文库等。专题特色是指针对某一具有收藏和开发价值的资源建设。例如，“佛文化文献”“赛珍珠研究”等。

2. 基于同专业院校的特色资源共建共享

由于高校经费、资源等的限制，各高校建设的同专业特色资源相对较少。其中专业性较强的小型高校，在条件有限的基础上进行了合作，共同建设同专业院校的特色资源。例如，医学院校档案馆、农业院校档案馆等。这些特色资源建设的共同的特点明显，即特色资源的专业性强、集中度高，但是特色资源的数字化程度明显偏低，个别院校由于经济的压力还大量保存着以纸质文献为主的特色资源。

3. 基于中国高等教育文献保障体系的特色资源共建共享

中国高等教育文献保障体系（China Academic Digital Library Information System，CALIS）地区中心特色数据库的共建共享已经成为该地区中心服务的重要内容。第一，同一地区的高校档案馆，如东北地区拥有12个特色数据库，涉及11所高校。第二，同一地区某一省的高校档案馆，如华南地区和华北地区的特色资源数据库有11个，涉及9所高校。第三，来自一个地区中心的高校档案馆，如西北地区的中心特色数据库有7个。

（二）数字档案馆特色资源共建共享存在的问题

在知识经济迅速发展的现代，地区或高校建立一个能够联通各高校并且融合各高校特色的资源共享体系，还面临着许多的问题，如实施问题、理念问题、技术问题及相关理论支持不足等问题。

1. 知识产权和版权问题

特色数据库建立的根本目的是为了解决用户对信息的阅读问题，但是在实施的过程中还要面临着数据信息资源的收集、传播等相关的环节。而在这个使用特色数据库的过程中又存在着版权保护问题和知识产权问题。如果在文献信息使用的过程中涉及版权保护期内的特色信息资源，在使用之前一定要跟版权所有人进行协商，不能侵害版权人的权益。对于知识产权，档案馆和读者要遵守国际知识产权公约。

2. 特色资源数据库的种类驳杂且重复

由于档案馆对资源数据库的命名没有统一的标准，不能根据自身的特色对建设的数据库进行系统的命名，而是进行了一般情况下的命名，如特色数据库、高校专业数据库、自建数据库等。这样特色资源库并没有凸显特色的含义。建立起的资源数据库不仅在命名上没有新意，而且在数据库的内容建设上也存在很多的问题，如数据库内容的重复、数据库的混乱等现象屡见不鲜。如此混乱的命名方式和复杂的内容对特色资源数据库的共享和读者进行检索相关内容带来了麻烦，重复的数据库内容也会造成资源的浪费。档案馆特色资源建设应该根据国际上的标准进行统一的命名，对内容进行规范、精简，这样不仅能够节省大量的财力、物力和人力，而且也给用户在使用时带来了方便、高效、快捷的检索体验。

3. 特色资源建设的水平差距较大

档案馆的特色馆藏档案，也是档案馆进行特色资源建设的基础，是网络时代各个数字档案馆的特色资源库建立共享的基本保障，大部分的档案馆非常重视特色资源的建立，但是各个档案馆由于自身条件或外部条件的限制所表现出来的水平还没有达到统一的建设标准。主要有三方面的原因：一是部分档案馆还没有自身的特色资源建设，或者一部分档案馆正在建设特色资源库，读者还不能使用；二是部分已经建成的档案馆的特色资源，其中一部分档案馆对其特色资源并没有进行库存保管，特色资源的利用率很低；三是建成特色资源的档案馆，在其建设特色资源时并没有相关的标准，如统一性和全面性方面的要求，这就表现出特色资源数据库的建设还存在着差距，一些档案馆只是注重特色资源的建设并没有使自身的特色资源与馆藏的资源进行相应的融合，没有意识到特色资源同样需要被保存和利用。

4. 特色资源共享的范围有限

在对特色数据库检索的过程中发现，特色数据库的共享知识在已达成的范围内可以进行档案馆之间的共享，但是其他成员在对档案馆特色资源数据库进行访问时会受到一定的限制。不同地区的中心馆不能够相互访问，同一地区的不同馆也不能相互访问。例如，广东工业大学的档案馆和华南地区中心的特色档案馆之间不能相互访问等。

（三）数字档案馆特色资源共建共享的策略

1. 建设地方特色资源

所谓地方特色资源就是以本地区的经济文化、历史文化、地域文化等为基础，以本地区的特色专业为依托而建立起来的馆藏资源，如云南、西藏等地少数民族特有民族文化、民族传统和特殊地域文化（地理、地貌等）。在漫长的历史发展过程中，我国少数民族创造了自己独具特色的文化，是研究当地少数民族风俗习惯的特色资源。各档案馆在建设特色文化时可以参考并结合当地的特色文化，形成独具特色的档案馆馆藏文献。与此同时，档案馆也可以根据当地的政治、文化和社会的发展建立起相应的出版物、发行物和当地特色图书等，这样不仅能为当地的民俗形成一个记录，而且也可以为当地的经济发展做出贡献。

2. 收集历史特色资源

对于保存和梳理当地的历史文化、家族族谱、该地区出现的历史人物和地方的历史记录等具有历史文化积淀的非物质文化遗产是档案馆建立的基本原则。通过对当地主要姓氏、族谱、家谱的完善，并纳入馆内收藏，有助于人们了解当地的历史更迭和文化传承特色；通过其中所蕴藏的内容还可以对历史绵延下的宗教制度、民族历史、家族兴亡史进行相应的了解，这些都是重要的历史文化，是社会学、人文学、历史学重要的资料佐证，从其中的线索和各事件的发展联系中，可以寻找当地文化资源、社会经济发展规律和当今时代所具有的特色，也可以作为科研资料，为以后的阅读和学习提供服务。

3. 挖掘馆藏特色资源

馆藏特色资源是指其他档案馆所不具备或者只有很少档案馆拥有的特色文献，或者是散落在各档案馆但是没有被利用的资源。馆藏特色资源具有其自身的独特性，如稀缺性、不可再生性、文化或者在学术上的独特性、系统积累性、学术传承性等。此外高校内的教师在进行研究时所形成的学术著作，所编写的学术图书或发表的学术论文，在科研时的研究成果的展示，科研过程中对方案改革的笔录，学校重要会议形成的会议文献，高校教师进行学术会议时带回的学术交流成果，出国人员学习后带回的文献资料，特色教师的特色精品课程的课件，师生互动式的教学媒体视频，学生发表的论文等都可以作为数字档案馆馆藏特色的资源。

4. 建设学科特色资源

高校档案馆是学校教育教学的重要组成部分，其服务的主要群体是教师和学生，因此在建设高校档案馆时应当有计划、有目的地偏向于为学校学科专业和教师科研服务的准则。从学校具体的教学和科研的状况出发，先主后次，突出学校的特点，突出重点学科和重点科研项目，为其提供特定的信息服务，加强其他辅助项目的建设，最大限度地满足对档案馆特色资源的各种需求，发挥档案馆时效功能，使其成为真正意义上的文献信息中心、学术交流中心，全力推动高校档案馆特色资源建设的可持续发展。

（四）数字档案馆特色资源共建共享的原则

1. 建馆的原则

（1）以读者为根本的原则。使读者满意，服务于读者，协调读者与档案馆之间的利益关系是档案馆建馆的基本原则。信息资源共享是由国家政府投资建设起来的，其目的就是服务于用户，使用户能够受益，其定位就是要为教育系统和科研系统服务，对用户的终身免费是发挥档案馆作用的基本保障。对于自行建立的档案馆，应该遵循的原则是档案馆提供的服务要逐渐从有偿向无偿方向转变的同时能够为读者提供更可靠、更真实的信息服务，这样会使档案馆受到群众的支持，使资源的建设更加地具有群众基础，档案馆事业才能更好地发展。

（2）平等、互利、互惠的原则。遵循平等、互利互惠，协调档案馆之间的利益关系是档案馆能长久发展的有力保障。信息资源共享并不是一个公益性的行为，信息资源建设的成本和利益是需要考虑的重要因素，信息共享是互利互惠的而不是利他主义的，因此，按照利益优先，兼顾平衡的原则，确定各个档案馆的权利和义务，激发各档案馆共建共享的积极性。

（3）维护档案馆内部人员利益的原则。在社会发展的进程中，综合业务能力是从业者的核心竞争力，激发从业者的学习观念和态度，提高其行业竞争力是维护其根本利益的首要选择。可设立负责特色资源共享小组来规划、监督共建共享资源的建设，根据档案馆从业人员的工作态度和贡献的价值考量其业绩，使全员都能够全身心地投入特色资源的共建共享中。

2. 资源选择的原则

（1）知识产权保证性原则。在档案馆特色资源的共建共享中，必须按照国家相关的法律法规对特色资源的知识产权进行相应的管理，任何能够对其存取的限制都必须通过本单位的管理机制进行合理的监管。目前，档案馆特色资源建设的主要文献来源是档案馆自身的馆藏文献和收集的具有地方特色的资源信息，其中可能涉及的产权归属主要有三种：第一，不存在产权纠纷问题的资源，对于这种资源档案馆可以自行开发和利用，比如已经购买并收藏的纸质的文献信息；第二，知识产权归属于数字化机构所拥有的，这类资源在使用时要征求相关机构的许可才能进行共建共享的使用，比如购买的数据库文献；第三，知识产权归属于个人所有的，这类信息在使用前要征求知识拥有者相关的书面许可后才能使用，比如收集的家谱、族谱等。因此，应采取恰当的数字技术保证共建共享特色资源的建设，保护特色资源建设中的知识产权问题。

（2）知识增值原则。特色资源的建设往往要从最原始的资源建设开始，但是特色资源不仅仅是原始资源的再现，更应该是原始资源的发展和增值。能够影响特色资源的知识价值的因素有很多，如资源的唯一性、资源的相关价值、对相关领域的理解、对相关主题领域理解的广度和深度、对信息实用性和准确性的理解、对资源的历史价值和长期发展后的增值的理解、对资源数字化以后其潜在价值的理解等。此外，对于特色文献知识还包括其贡献度的价值、管理价值、艺术价值和市场价值等。但是特色资源价值的增值在很大程度上还是受到读者主观因素的影响，其表现出的结果也各不相同。

（3）数字保存原则。在保存特色资源时要充分地考虑特色资源的安全，要使其在数字化之后能够保存完整的状态。在对原始资料进行保存时要尽量选择原始资料的替代品，从源头上减少对原始资源的损伤情况，要对数字化以后的原始资源进行建档保存，并且根据时间和技术的变化制定出长期保存的策略。数字保存还能够保护以易碎物质为载体的原始资料，因为数字资源本身就是原始资源的另一种形式，是完全能够替代原始资料被读者浏览的。

（4）避免重复原则。在档案馆特色资源建设的过程中，一定要摒弃文献信息的大而全或小而全的思想，要注重特色馆藏的精准性而不是全面性，避免馆藏文献的“全而不精”。要充分考虑档案馆建设的特点并结合当地的发展情况，当地的民族风俗，有针对性、有目的地进行档案馆特色资源的开发和建设。对于部分已经建成的档案馆特色馆藏，要充分考虑其质量、文献保存的状态和文献信息的内容是否符合当地读者的需求。

第六章

高校档案信息安全

第一节　信息安全概述

一、信息

（一）信息的概念

我们每天都能听到、看到、接触到各种各样的信息，人际交往与沟通离不开信息；科技的进步、经济的繁荣、社会的发展也都离不开信息。可见“信息”一词对我们来说并不陌生，但是要问什么是信息，给信息下一个定义就不那么容易了。这是因为信息这个概念虽然常用，但其内容十分丰富，含义相当模糊，至今尚未形成一个统一的、公认的定义。

申农在他的《通信的数学理论》一书中指出：“信息是二次不定性之差。不定性就是对事物认识不清楚，不知道。信息就是消除人们认识上的不确定性。”从通信的角度来看，信息就是通信的内容，通信的作用就是消除信息接收者的某种不确定性。“不确定性”是指人们如果对客观事物不了解，对其缺乏必要的认识，往往表现为对这些事物是“不清楚的”。这实际上就是指人们认识上的不确定性。而当我们通过努力，利用各种方法、手段，了解这些事物的有关情况后，我们对它们的认识就从不清楚变得较清楚或者完全清楚，这种不确定性就减少了或消除了。

信息是系统中各要素之间相互交换、相互作用的内容。各种关于信息的定义在各自学科的范围内是合理和实用的，但从广泛意义上讲，又显得不够完善和全面。信息的内涵非常广泛。

（二）信息的特征

人们对信息的定义虽然仁者见仁，智者见智，但是对信息基本特征的认识却趋于一致，这有利于我们认识信息的本质。信息有如下几个基本特征：客观性、知识性、指向性、共享性、无限性、时效性、传播性。

（三）信息的作用

随着时代的变迁，以及信息的获取、传递、处理和利用技术的进步，信息在经济、文化、科技管理等方面的作用越来越大，影响到人类生活的方方面面，成为社会生活中必不可少的重要因素。信息在人类活动中的作用主要表现在以下方面：①信息是经济发展的重要因素。在市场经济的条件下，经济的发展离不开对市场中的各类信息进行收集、加工、分析的过程。信息的加工与利用已成为当今世界经济发展的重要因素。②信息是人类知识的源泉。信息是人类在认识世界、改造世界的过程中获得的新认识、新内容。这些新认识、新内容的积累和加工构成了人类的知识体系。随着认识的不断深入，新的信息不断涌现，人类的知识也就得到不断的更新和完善。③信息是推动科技进步的手段。当今世界竞争的焦点是科学技术的竞争，收集、引进、消化和吸收世界范围的科学技术信息是加快本国、本地区科技进步的重要手段。

二、信息安全

在科技高速发展的今天，高校档案实现了信息化和数字化，方便了有需要的人，同时也可能给人们带来一定的信息安全风险。高校档案的信息化与数字化依靠的是计算机的服务，因为我们所说的信息安全问题，主要就是指的计算机信息安全相关问题。信息高速发展的今天，信息安全问题已经成为计算机信息技术极为重要的方面。由于计算机系统本身的不可靠性或者人为操作的问题，以及各种病毒和木马的入侵等都是威胁计算机信息安全的因素。计算机信息领域的种种不安全因素，每年甚至每天都会给国家、企业或者个人造成极大的经济损失或者政治损失，因此，保护计算机的信息安全已经成为新科技时代的首要问题。

（一）计算机信息安全

计算机信息安全就是指计算机的硬件、软件和数据不被偶然的、人为的、恶意的因素影响或其他攻击而遭到破坏。《中华人民共和国计算机信息系统安全保护条例》中对计算机信息安全概念的解释为："信息安全的保护，应该是保障计算机及其相关配套的设备的网络信息安全，以及运行环境的安全，从而保障计算机系统在健康的网络环境下正常运行。"计算机信息安全包括计算机的实体安全、软件安全、数据安全以及运行安全。计算机的信息安全涉及国家的安全和主权、社会的稳定、企业的发展、个人的隐私问题等，它涉及计算机科学、网络技术、密码技术、应用数学、信息安全技术等多门学科。

（二）信息安全的重要性

随着经济和科技的不断发展，计算机信息安全的需求在过去的几十年里发生了很大的改变。在数据处理设施广泛使用之前，企业和机构主要就是通过物理手段和管理制度来保证信息的安全。例如，用保险柜或者带锁的柜子来封存需要保密的信息，通过工作人员的个人素质来保证封存的信息不被泄露。随着时代的发展，信息技术越来越发达，人们越来越依赖用计算机等自动化设备来存储文件和信息，但是新的问题也随之而来，那就是随着科技的发展，共享信息和共享系统的应用出现，信息安全成了计算机应用急需解决的问题。分布式系统和通信网络的出现和广泛使用，对当今信息时代的重要性是不言而喻的。随着全球信息化的不断推进，越来越多的信息将依靠计算机来处理、存储和转发，信息资源的保护又成为一种新的问题。它不仅涉及传输过程，还包括网上复杂的人群可能产生的各种信息安全问题。信息的安全对于企业和个人来说，敏感信息不被泄露，是极其重要的。

（三）信息安全及其特性

1. 完整性

计算机信息安全的完整性是指信息在存储或者传送的过程中不被随意地破坏或者更改等的特性。计算机信息安全的完整性要保证信息从发送者到接受者手中保持信息的原样，而信息安全被偶然或者人为恶意的攻击目的就是破坏计算机要传输信息原有的形式。

2. 可用性

计算机信息安全的可用性是指在使用计算机时只允许被合法用户访

问，从而保证合法用户正常使用计算机，保证信息及时、正确地收发和使用。计算机信息安全的可用性还包括在信息系统或者网络系统部分被破坏或者需要降级使用时，仍能保证合法用户正常使用。

3. 保密性

计算机信息安全的保密性是为了要保证授权用户的正常访问信息和数据，而其他未授权或者非法用户都不能使用的特性。例如，国家信息、军事信息、商业信息等就会特别针对计算机信息安全的保密性做出一些相应的措施。

4. 可控性

计算机信息安全的可控性是指保证计算机的管理者对信息接收或者传输的内容具有监控和管理的能力，即计算机的授权机构可以随时控制信息的保密性。例如，“密钥托管”“密钥恢复”等措施就是实现信息安全可控性的方法。

（四）计算机信息安全的威胁因素

在信息和科技快速发展的时代，互联网和计算机在给社会带来效益和方便的同时，也给国家的经济建设、商业的发展以及人们的社会生活带来了很多消极的影响。例如，计算机木马病毒的入侵、网络诈骗、信息污染等都给人们以及社会带来了很多的危害和困扰。当前，影响计算机信息安全的因素是非常多的，以下列举几种最常见的威胁计算机信息安全的因素。

1. 人为的失误

计算机信息安全人为的失误是指在计算机的使用过程中，由于操作人员的使用不当或者安全配置不合理所造成的人为损失，例如，使用者的安全意识不强，用户口令不谨慎，或者用户将自己的账号随意借给他人使用。

2. 信息截取

信息截取指的是用户在使用计算机收发信息时，非法用户通过信息的传输通道进行信息的截取，从而盗取重要或者隐私的数据信息，通过分析信息的流量、通信频率、长度，推测出重要的信息资源。这种方式不会破坏信息原本的内容，很不容易被发现，所以，在军事、政治和经济中经常会使用这种信息截取的方式获得机密信息。

3. 内部窃密和破坏

内部窃密和破坏是指企业或者机构的内部工作人员或者系统人员通过网络恶意盗取、更改或者破坏计算机的安全系统。根据有关数据的调查，大多数的信息安全案件的发生，有70%的攻击都是内部的攻击，只有30%是从外部攻击进来的。

4. 黑客攻击

黑客攻击已经成为威胁网络信息安全的最大隐患。其中，国际上一些顶级网站链接就曾经遭受到来历不明的黑客攻击，而且直接导致了网站的服务系统中断，造成重大的经济和信息损失。

5. 病毒

病毒的侵入可以使计算机停止运行，病毒感染的方式已经从过去的单机被动的传播变成如今的利用互联网主动的传播，不仅给网络造成了极大的影响，而且还会使一些信息在互联网上造成泄露，特别是在专用的机构网络中，病毒已经成为网络安全极大的威胁因素。

（五）信息安全的实现目标

计算机信息系统所有的安全技术都是为了实现一定的安全目标，其核心的宗旨就是保密性、完整性、可用性、可控性和不可否认性五个安全目标。其中，信息安全的保密性、完整性和可用性主要强调对计算机非授权主体的控制，而可控性和不可否认性就是通过对授权主体的控制，实现对信息保密性、完整性和可用性的补充，强调计算机用户只能在授权范围之内对计算机信息进行合法的访问，计算机监管机构对其访问的过程进行监督和控制。计算机信息安全的实现目标除了上述的五种，还有信息的可审计性和可鉴别性。审计性指的是信息系统的操作人不能否认自己对信息的处理行为，它与信息安全的不可否认性的信息交换过程中的行为认定性相比，它的含义更加宽泛一些。可鉴别性指的是在操作计算机的过程中，信息的接受者可以对信息的发送者进行身份判定，它也是与不可否认性相关的特性。

在实际的操作中，要想达到计算机安全的目标，各种信息的安全使用就必须要遵守以下几个原则：第一，最小化原则。在计算机操作中，受保护的重要信息数据只能在规定的范围内被机构和企业内部共享，负责履行工作职责和职能的安全性主体，在法律和相关安全措施保证的前提下，仅被授予其访问信息数据适当的权限。在计算机信息数据的传输中，重要信息的“知情权”一定要加以限制，是在“满足工作需要”前提下的一种限制性开放。第二，分权制衡原则。在计算机信息系统中，机构或者主体应该对所有权限进行适当的划分，使每个主体只能拥有其权限中的一部分，要使各个主体之间相互牵制、相互监督，一起保证信息数据系统的安全性能。如果其中一个主体的权限过大，那么将会导致其他主体无法控制或者无法制约，这时就会出现滥用权力的安全隐患。第三，安全隔离原则。安全隔离原则是实施信息安全最基本的操作方法，确保基础信息的安全性就是将计算机使用权限的主体和客体进行分离，按照一定的安全策略，在可控制和安全的范围内实施主体对客体的访问。

计算机信息安全目标的实现，除了要遵循以上这几条基础的原则之外，人们还在实际应用的过程中，延伸了一些实施原则，这些原则是基本原则的拓展和体现。例如，整体原则、动态保护原则、多级保护原则、分区域保护原则以及深度保护原则等。

（六）计算机信息安全的保障机制

先进的信息安全技术是计算机信息安全的基本保证，计算机的操作用户只有对计算机本身将要面临的危险因素进行风险评估，确定计算机需要的安全服务种类，选择相对应的安全机制，然后集成先进的信息安全技术，才能形成一个安全的信息系统。计算机信息安全的保障机制主要有以下几种技术。

1. 信息加密技术

加密技术指的是在计算机信息安全的保障中，可以采用某种变换算法对信息数据的原文进行加密处理，以密文的形式去发送和接收重要的信息，即使在信息数据传输的过程中，被攻击者盗取了信息的内容，也无法对信息的具体内容进行识别和解释，从而保障了信息的安全。

2. 访问控制技术

访问控制技术指的是在计算机信息的传输过程中，拒绝非授权用户或者非法用户对计算机数据信息的访问，对授权用户也是有权限的访问，只允许授权用户执行与规定权限相符的操作。

3. 数据完整性技术

计算机信息数据的完整性包括数据单元的完整性和整个数据的完整性两方面。数据单元的完整性指的是可用数字签名机制来保证，而整个数据的完整性则需要借助于每个数据单元提供的一种连接顺序，从而保证没有丢失和新增的数据单元，且数据单元间没有顺序的混乱。如果数字签名的信息是对于整个文件的，那么签名信息也可以验证整个信息的完整性。

4. 鉴别交换技术

鉴别交换技术是指在进行计算机信息传输时，两个通信主体通过信息交换的方式确认彼此的身份信息，并且只有当彼此的身份确认后才能开始通信过程。

5. 公正机制

公正机制指的是在多方或者双方进行通信传输时，找一个第三方作为公正方，以对彼此的通信内容进行公正或者作为事后发生争执的证明。作为公正的第三方要有被大家公认的信任程度，同时也要能接收通信双方或者多方的通信数据。

三、计算机系统安全

（一）计算机系统安全评估

计算机系统的安全性不是绝对的，而是相对的、动态的。相对安全的网络系统是在不断地改进和评估中得到的，是从对网络系统的评估到系统安全技术措施的实施，接着到网络系统安全管理工作，再返回到系统安全评估的无限循环的过程。只有不断积累经验，不断对其评估和改进，才能保证计算机系统的安全运行。

（二）计算机网络的安全防御策略

1. 应用杀毒技术

为全面保障计算机系统运行安全，在强化防火墙等安全服务器的设置同时还要不断完善反病毒技术。同时，对计算机内部重要的文件进行备份保护，防止意外事故发生，这样能够在一定程度上避免非法入侵事件的发生，提升计算机系统运行的安全性。

2. 引入扫描技术

扫描技术在计算机系统安全中发挥着重大的作用，是一种应用范围广泛的网络安全管理技术。人们要重视扫描技术创新，不断适应计算机系统的变化发展，为计算机系统有效运行发挥重要的作用。

3. 数据加密

在网络上进行信息传输时，如果计算机不采取任何的保护措施，那么就极有可能被别人盗取重要信息。为了保护计算机的数据安全，就必须进行数据加密，被加密过的信息被称为密文。在网络传输的过程中，即使有人盗取了传输信息的密文，因为没有密钥，无法还原明文，无法获得数据的信息，从而保证了数据的安全。

4. 保留日志

在计算机网络安全的保护措施中，保留日志是常见的一种。保留日志是指在计算机系统中保留一个日志文件，这个日志文件可以随时记录与计算机网络安全相关事件，便于发生网络安全破坏事件之后的调查和分析，进而追查与事件有关的操作人员，发现威胁计算机网络安全系统的弱点。

四、信息安全属性

信息安全问题自古就有。最初，人们仅以实物或特殊符号传递机密信息，后来出现了一些朴素的信息伪装方法。随着人类存储、处理和传输信息手段的进步，信息安全的内涵也不断延伸在政治军事斗争、商业竞争和公民个人隐私保护等活动中，往往需要保护己方信息不被他人获知或篡改，在取得信息时，往往也需要确认该信息是否可信。在一般意义上，信息安全是指实现以上目标的能力或状态。在信息技术应用的背景下，信息安全可理解为信息系统抵御意外事件或恶意行为的能力。

总结关于信息安全的各种定义，一个信息系统的基本信息安全需求，可以由机密性、完整性、可用性等基本属性来刻画，它们的具体含义如下。

（一）机密性

确保敏感或机密数据在存储、使用、传输过程中不会泄露给非授权用户或实体的特性，甚至可以做到不暴露保密通信的事实，具有敏感性的秘密信息，只有得到许可才能够获得该信息，防止信息的非授权访问或泄露。

（二）完整性

确保信息在存储、传输或接收的过程中，其原有的内容、形式与流向，既不能被未经授权的第三方所篡改，也不会被授权用户进行不恰当的修改。而在被篡改的情况下，应能够检测出其被篡改的事实或者篡改的位置。

（三）可用性

确保信息可被授权者访问并按需求使用的特性，保证合法用户对信息和资源的使用不会被不合理地拒绝。即使在突发事件下，如网络攻击、计算机病毒感染、系统崩溃、战争破坏、自然灾害等，依然能够保障数据和服务的正常使用。

五、信息安全威胁

（一）按照威胁来源分

1. 无意威胁

此类威胁没有明显的恶意企图，其主要肇因是系统内部人员操作不当或失误。例如，操作员安全设置不当造成的安全漏洞，用户安全意识不强，用户口令选择不慎，用户将自己的账号随意转借他人或与别人共享等，都会对信息系统安全带来威胁，此类威胁在信息系统的整个生命周期中始终存在，会破坏信息系统的安全性。有关安全专家经过长期的调查得出结论：无论是私人机构，还是公共机构，大约 65％的损失是由于无意的错误或疏忽所造成的。

2. 恶意攻击

此类威胁是利用信息系统暴露的弱点，对其实施攻击，使得信息系统的机密性、完整性、可用性等安全属性受到损害，是有目的的人为恶意破坏，可分为主动攻击和被动攻击。主动攻击是指以各种方式有选择地对信息系统实施破坏，如对信息进行修改、删除、伪造、添加、重放、乱序、冒充，以及制造病毒等。而被动攻击是指在不干扰网络信息系统正常工作的情况下，进行窃听、截获、窃取、破译和业务流量分析等。由于恶意攻击有明显的企图，其危害性相当大，给政治、经济和文化等领域的活动，以及知识产权、个人信息的保护，甚至国家安全都带来巨大的威胁。

（二）按照威胁实施手段分

根据威胁实施的手段或方法，常用的威胁可以分为以下 7 种。

1. 信息泄露

指系统的敏感数据被未授权者获取，从而破坏了信息的机密性。信息泄露的主要途径有：

（1）窃取。有两种情形，一是盗用存储设备，二是利用电磁辐射或搭接线路等方式窃听传输中的信息。

（2）通过构建隐蔽的泄密信道，向未授权者泄露信息。例如，在传输文件时，对文件名进行特殊编码以传递秘密信息，从而使正常的文件传输信道成为隐蔽的泄密信道。

（3）通过分析通信行为，获取敏感信息。未授权者利用特定的工具捕获网络中的数据流量、流向、通信频带宽度和数据长度等数据并进行分析，从中获取敏感信息。

2. 系统入侵

入侵是指未经授权就获得系统的访问权限或特权，对系统进行非正常访问，或擅自扩大访问权限。非授权访问主要有如下 4 种。

（1）旁路控制。攻击者利用系统漏洞绕过系统的访问控制而渗入系统内部。

（2）假冒。攻击者通过出示伪造的凭证骗取系统的信任，非法取得系统访问权限或得到额外的特权。

（3）口令破解。利用专门的工具穷举或猜测用户口令。

（4）合法用户的越权访问。合法用户进入系统后，擅自扩大访问权限。

3. 传播恶意代码

恶意代码是一些对系统具有现实或潜在危害的代码。它们或独立存在，或依附于其他程序。恶意代码有可能大量消耗系统资源，或者进行删除和修改等破坏性操作，或者执行窃取敏感数据的任务。

4. 拒绝服务

拒绝服务（DoS）指系统可用性因服务中断而遭到破坏。DoS 攻击常常迫使用户进程消耗过多的系统资源，造成系统阻塞或瘫痪。

5. 系统扫描

利用特定的工具向目标系统发送特制的数据包，并通过分析其响应，以了解目标网络或主机的特征，为后续攻击做准备。

6. 信息重放

攻击者先记录系统中的合法信息，然后在适当的时候重放，使系统难辨真伪达到混淆视听、扰乱系统的目的。

7. 抵赖

指通信一方出于各种目的而实施的以下行为：发送方事后否认自己曾经发送过某些消息；发送方事后否认自己曾经发送过某些消息的内容；接收方事后否认自己曾经收到过某些消息；接收方事后否认自己曾经收到过某些消息的内容。

（三）按照对通信信息流的影响分

按照安全威胁对信息系统通信信息流的影响，可将威胁分为中断威胁、截获威胁、篡改威胁和伪造威胁。

1. 中断威胁

在正常情况下，信息系统的正常信息流为：信息源→信息流→目的地。当发生中断威胁后，信息流受到阻断，结果为：信息源→信息流→中断→目的地。中断威胁会破坏信息系统的可用性。最常见的中断威胁是造成信息系统的拒绝服务，即信息系统或信息资源的利用价值或服务能力下降或丧失。

2. 截获威胁

截获威胁是指一个非授权实体介入了系统，使得信息在传输过程中被拦截监听。这里，非授权实体可以是人、程序或计算机。截获攻击可以破坏信息系统的机密性。

3. 篡改威胁

篡改威胁是指一个非授权实体取得了对系统信息流的控制权，可以未经授权对其进行修改、删除和重放等操作，使信息的完整性受到破坏。此类攻击还包括对存储数据和程序的篡改，使之不能正确解析或执行。

4. 伪造威胁

伪造威胁是指一个非授权实体将伪造的信息植入系统，从而破坏了系统信息的真实性。例如，向系统的合法用户传送虚假信息。

六、信息安全发展历程

（一）通信保密阶段

20世纪60年代之前，人们对信息安全的关注，主要集中在通信的机密性上，这个发展时期可以归结为通信保密阶段。在这个阶段，信息安全的主要关注者是军方和政府机构。信息安全所要解决的问题，主要是如何在远程通信中，防止信息被非授权方截获，以及确保通信的真实性。而确保信息安全的主要手段，则是信息加密和信息隐藏。例如，在我国北宋年间的《武经总要》中，记载了北宋军队对军令的伪装方法。

（二）计算机安全阶段

1969年，Lanlpson提出了主体（Subject）、客体（Object）和访问矩阵（Access Matrix）等概念，第一次用形式化的方法对访问控制问题做了抽象。1972年，Anderson报告提出了引用监控器、验证机制、安全内核和安全建模等重要思想，指出要开发安全系统，首先必须建立系统的安全模型，其次进行安全内核的设计与实现。1973年，Lampson提出了隐蔽通道的概念，他发现两个被限制通信的实体之间如果共享某种资源，那么它们就可以利用隐蔽通道传递信息；同年，Bell和La padula提出了第一个经过严格数学证明的安全模型，即BLP模型。

在这一阶段，为了评价计算机系统的安全性，美国、加拿大和欧洲主要国家各自推出了自己的信息系统安全评价标准。1985年，美国国防部推出了《可信计算机系统评价准则》（TCSEC），该标准是世界上第一部关于计算机系统的安全评测标准，是信息安全领域中的重要创举，为后来英、法、德、荷四国联合提出的同时涵盖保密性、完整性和可用性需求的《信息技术安全评价准则》（ITSEC）打下了基础。

在这一阶段，密码学领域也取得了重要成果。1976年，Diie和Heilman发表了《密码学的新方向》一文，指出在通信双方之间不直接传输加密密钥的保密通信是可能的，并提出了公钥加密的设想。1977年，美国国家标准与技术研究所（NST）首次通过公开征集的方法，制定了当时应用中急需的“数据加密标准（DES）”，推动了分组密码的发展。这两个事件标志着现代密码学的诞生。1978 年，Rivest、Shamir 与 Adleman 设计了著名的 RSA 公钥密码算法，实现了 Diffie 和 Heilman 提出的公钥加密思想，使数字签名和基于公钥的认证成为可能。

（三）信息安全阶段

20 世纪 80 年代中期以后，随着信息技术应用越来越广泛和网络的普及，学术界、产业界、政府和军事部门等对信息和信息系统安全越来越重视。人们除了要求信息在存储、处理和传输过程中不被非法访问或者篡改，确保合法用户获得服务并限制非授权用户使用服务外，还要求能够检测、记录和抵御攻击。在这一时期，密码学、安全协议、计算机安全、安全评估和网络安全技术得到了较大发展，尤其是互联网的应用和发展大大促进了信息安全技术的发展与应用。因此，信息安全阶段也被称为网络安全阶段。

在这一时期，不但学术界提出了很多新观点和新方法，如椭圆曲线密码（ECC）、密钥托管和盲签名等；标准化组织与产业界也制定了大量的算法标准和实用协议，如数字签名标准（DSS）、IP 安全协议（IPSec）等。此外，安全多方计算形式化分析、零知识证明、可证明安全性等均取得了进展，一些理论成果也逐渐得到应用。在安全测评方面，20 世纪 90 年代中期，加拿大、法国、德国、荷兰、英国和美国提出了《信息技术安全性评估通用准则》（CC 标准）。

在这一时期，网络攻击事件逐渐增多，传统的安全保密措施难以抵御计算机黑客入侵及有组织的网络攻击，学术界和产业界先后提出了防火墙、入侵检测系统和虚拟专用网等网络安全防护技术。1989 年，美国国防部资助卡耐基梅隆大学建立了世界上第一个计算机应急小组及协调中心（CERT/CC，Computer Emergency Response Team/Coorflinalion Center），标志着信息安全从被动防护阶段过渡到主动防护阶段。于是除了信息的机密性、完整性和可用性之外，人们对信息的安全性提出了可控性、可认证性和抗抵赖等新的要求。

（四）信息保障阶段

20 世纪 90 年代中期以来，随着信息安全越来越受到各国的高度重视，以及信息技术本身的发展，人们更加关注信息安全的整体发展及在新型应用下的安全问题。人们也开始深刻认识到，安全是建立在过程的基础之上的，信息安全的发展也越来越多地与国家战略结合在一起。在此背景下，信息安全从单纯信息安全防护向综合信息保障（IA，Information assurance）的方向发展，1995年，美国国防部提出了“保护—检测—响应”（Protection，Detection，Reaction）的动态模型，即PDR模型；1998年10月，美国国家安全局（NSA）颁布了信息保障技术框架，它从信息保护过程的角度，提出信息保障应包括保护、检测、反应和恢复等环节。保护是指利用数据加密、用户认证，访问控制等技术保证数据的各种属性；检测是指利用各种技术手段，检测并记录危及信息安全的各种攻击行为，并提供事后审计和查询功能；反应是指在检测出攻击行为之后，在攻击过程中或者攻击结束后采取必要的策略，避免攻击再次发生，或者减少攻击行为带来的破坏；恢复是指在攻击对信息或信息系统已经造成破坏后，采用数据恢复、应用恢复等方式，尽量使信息或信息系统恢复到被破坏前的状态。在信息保障框架下，保护、检测、反应和恢复是一个统一的过程，它不再过分强调“防死守”，而是要保证网络在遭受攻击的情况下，能够及早地识别、检测出这些攻击，将可能造成的损失降到最低程度，并保证信息系统基本业务的连续性。信息保障的策略是深层防护、多级配置，使得在深层防护架构内，各种安全设施和手段互相支持，达到整体的信息安全效果。

在这一阶段，信息安全的相对性、动态性、系统性等特征引起人们的注意，追求适度风险的信息安全成为共识。安全不再是单纯以功能或者机制技术的强度作为评价指标，而是结合了不同主体的应用环境和应用目标的需要，进行合理的计划、组织和实施。此外，人们认识到，不但要从技术上，而且还要从管理上，建立一个包含人的因素在内的信息安全管理体系，使得信息安全管理成为时代的需要。

第二节　档案信息安全

一、档案信息安全的基本概念

档案信息安全，指通过一定的技术手段和人工操作，防止电子文件信息被泄露、篡改或破坏，以维护电子文件信息的完整性、保密性、可用性及可控性。档案信息的安全，包括数字档案数据的安全和信息系统及其网络平台的安全。数据安全就是要保证数字档案信息的可靠、可用、不泄密、不被非法更改等，系统及其网络平台安全就是要保持系统软硬件的稳定性、可靠性、可控性。

我国现有数字化档案和归档原生电子文件数以亿计，分散在不同的档案馆（室）管理。档案信息安全管理存在的主要问题：一是相关人员对电子档案信息安全知识缺乏和意识淡薄，对安全风险的严重性、事故发生的可能性认识不足，并不知道电子档案信息的安全风险比纸质档案安全风险大得多。二是机构内部安全管理责任制度不完善。没有形成一整套电子档案信息安全责任与管理制度，只是在纸质档案安全管理制度基础上增添电子档案信息安全管理的内容，普遍缺乏行之有效的管理机制，基层在电子档案信息各环节违规操作现象较为普遍，涉密电子档案信息不单独管理，不涉密电子档案信息不注意利用对象。

二、档案信息安全管理的基本要求

（一）规章制度

1. 管理制度

（1）数字化文件的产生。责任明确且细化，注意责任人负责的范围。

（2）数字化文件的归档。数字化文件在归档过程中要注意对其进行全面的检查，防止数字化信息的篡改和丢失。

（3）数字化档案的储存与保管。档案管理部门要建立严格的保管制度，要在制度中明确表明数字化档案的存储状态、存储介质、保管的路径、保存的环境以及在质检、修复、销毁、迁移等事项中的明细记录。

（4）数字化文件的利用。档案管理制度中要加强对数字化档案信息的利用的管理，要实行各级别的使用权限，防止在利用过程中出现的越权使用行为对数字化信息造成的危害及损毁。

（5）涉密文件的保护制度。对于档案信息内的涉密文件，对其的保密措施应涵盖全周期，并且要确保每个环节的保密安全。

（6）建立详细的档案使用记录。数字化文件形成后会因为阅读的需求不断地转换其存储的形式，因此在使用的过程中应对档案的详细使用信息作出明细的记录，包括格式转变后信息的使用情况、管理情况等。

2. 备份恢复制度

档案管理系统要对存储的数字化文件进行备份，并要定期检查备份信息的更新情况、使用情况、恢复情况等，如果发生信息损毁或丢失等事故，系统可以通过备份的信息对原有信息进行恢复和重建，使整个档案信息存储系统的数据恢复到正常工作状态。

3. 应急处理制度

档案管理系统要提高其应急处理的能力、预警的反应能力和事故后的系统恢复能力等。建立健全应急处理制度，提高岗位人员的应急处理能力，增加应急处理培训和人员管理，目的是能够在档案管理系统出现故障或遇到紧急情况时能够有条不紊地进行故障的处理以及档案数据的恢复使用等。

（二）人员管理

1. 人员选择

档案管理人员要具备一定的计算机网络操作能力、信息安全处理能力，要熟练掌握信息技术的相关知识以及操作技能，要能够与其他部门协调沟通，配合其他部门工作。要求在选用档案管理人员时要制定严格的选拔方案，在聘用的过程中要符合相关制度以及相应岗位的要求。

2. 安全教育

根据档案管理组织的不同层次制定不同的培训教育内容，从高层管理到具体岗位工作人员，根据岗位具体负责的内容制定培训材料，并且对各岗位人员进行定期培训。

对于档案管理组织内的特殊部门，如涉密部门、敏感机构等，在培训中还要对其进行保密措施的安全教育培训，加强岗位人员对保密相关法律法规的学习了解，避免在工作中出现数字化档案信息泄露的现象。

（三）技术方法

1. 管理系统安全

管理系统安全针对所有应用系统软件、操作系统软件和数据库系统软件等软件系统，采取安全保护措施，确保系统稳定性，可靠运行。系统安全保护主要针对所有系统软件中的计算机程序和文档材料，保证它们免遭攻击、破坏、跟踪和非法拷贝。软件系统安全主要涉及各种防拷贝加密、防动态跟踪、数据审计等软件安全保护技术，与安全产品的质量以及软件开发的质量保障机制密切相关，要通过建设，使用符合安全保密技术标准要求的档案软件产品及相关安全产品，选择有涉密资质的软件开发单位开发系统软件，确保系统安全。

2. 信息内容安全

信息内容安全就是要确保数字档案信息的可靠、可用、不泄密、不被非法更改等。数据安全保护主要是针对计算机系统中的数据库、数据文件和所有数据信息而采取的保护技术方法和措施。档案数据安全保护是档案信息安全保护的核心内容。由于档案信息的保密性和重要性，容易成为不法分子破坏和窃取的目标，确保档案数据的安全，必须通过采取相应的保护技术方法和措施，如备份技术、密码技术与压缩技术、数据库安全技术等来确保数据安全。要建设先进的数据安全保护技术与设备，确保数据保管与利用安全。

3. 网络管理安全

网络安全就是要保持档案网络平台的稳定、可靠、可控。网络安全保护主要是针对计算机网络及其站点面临的威胁和网络的脆弱性而采取的防护措施。应采取各种技术措施，尤其是防火墙技术、漏洞扫描技术、网络隔离防护技术，来保护网络及其站点的安全。同时，要准确处理局域网、政务网、公众网平台之间的连接关系，做好网络的物理隔离与逻辑隔离。

第三节　网络与档案信息安全

一、网络在档案信息安全中的角色

（一）网络中的档案信息结构

互联网技术的发展与普及，使人们生活发生了极大的转变，而互联网对于档案信息的管理产生的影响也是极其巨大的。例如，互联网技术的发展促使档案管理事业从数字化的信息使用模式转变为信息的网络化，更促使了档案工作数字化向信息化专业领域的发展，并形成了具有代表性的档案管理模式。互联网技术与档案管理的融合使得数字化信息的单机环境发展成为网络互连的环境，使档案管理的范围和深度都有明显的增加，其中存储的档案信息的结构也在发生蜕变。

（二）网络影响着档案信息的传播

1. 互联网的发展加快了档案信息的传播速度

在互联网技术应用与档案管理之前，档案信息的传播方式主要是借阅，产品出版、报纸刊登或发表的期刊论文等相关的途径，其传播的速度较慢。例如，产品的出版，传统的纸质出版物要经过一系列复杂的程序，如编辑、加工、设计、印刷等，最后经检验合格后才能进行流通，一本图书从开始设计出版到读者手中往往会经过大量的时间，传统信息模式的传播率和即时性较差。因此传统的传播途径限制了档案信息的发展，而互联网技术的普及则恰当地解决了传播延迟的现象，它可以瞬间将消息散布到全世界的每个角落。

2. 互联网的发展降低了档案信息传播的成本

与传统的档案信息的传播方式相比较，互联网的传播方式能够有效避开印刷和纸张的支出，没有图书发行的相关费用，也不会在运输或流通的过程中造成库损及丢失。因此，网络传播的档案信息比传统传播方式的成本要低得多。

二、网络环境下高校档案管理面临的安全威胁

（一）安全保密问题是档案信息网络管理的最大障碍

计算机网络系统作为共享的互联网系统，是开放性系统。这对于档案信息的安全存在着较大的风险，虽然档案安全管理方面已经就网络信息的安全防护采取了必要的措施，如网络防火墙技术的应用、安全软件的查毒杀毒、内部网及外部网的物理隔离等措施，但是在具有针对性的黑客攻击下，基础的防护系统依然无法起到保护的作用。从理论上讲，连接公共网络的计算机系统终端都存在被非法访问的可能，网络环境下的档案信息管理成为当下档案管理最大的障碍。因此我们要对档案信息网络安全管理高度重视。

（二）影响网络安全的因素

对于网络安全的普遍认识，一般是指网络系统中的软件或硬件，以及

软件系统中存在的数据系统受到一定的保护措施，防止外来因素或恶意的攻击，从而避免网络系统被破坏、存储的数据被更改、程序被非法改写、信息遭到泄露等现象。档案系统的网络安全能够保证系统的正常、连续、可靠地运行，但是在实际应用的过程中经常会出现系统的硬件、软件损坏，电脑病毒、黑客攻击等，这些直接威胁到网络的安全。

第四节　保障高校档案信息安全的措施

一、高校档案信息安全领域现有的安全措施

（一）电子档案信息认证与恢复技术

1. 签署技术

数字化电子档案的签署技术主要分为证书式数字签名和手写式数字签名。前者是对系统发出的文件进行的签名。其过程为，信息发送方运用自己的密钥生成一个由字母和数字组成的字符串，即数字签名，与需要发送的文件一起发出。而后者则是在特有的软件中嵌入的一种文字处理的软件模块，签署人运用光笔在显示器的屏幕上进行签字，或在手写板上签字，并与纸质文件的签名保持一致。

2. 加密技术

加密技术是计算机网络系统的一项重要功能，它能够对档案系统中非公开的信息内容进行加密保护。其加密组合的方式有很多种，双密钥形式是采用最多的加密形式。在网络中，一个加密的执行者一般会拥有一对密钥，即加密密钥和解密密钥，由于加密密钥和解密密钥是两种不同形式的字符串，因此，外人很难在加密和解密的过程中同时获得一对密钥，这种形式对于档案信息的传输具有很好的防护效果。在实际的操作过程中，档案信息的加密密钥一般以公开的形式存在，而解密密钥则是严格保密的。

（二）电子档案防病毒技术

1. 计算机病毒的产生

计算机病毒实质上是一段具有破坏性功能的程序段，如医学上的病毒一样具有自我复制功能，通过非法或非授权的手段进入计算机程序中，进行自我复制的同时破坏源程序的运行。20 世纪 80 现代中期计算机“病

毒”一词开始出现，经过 20 多年的时间，病毒种类及数量得到了大幅度的增长。近年来，随着网络技术的发展，大量的病毒开始在网络上肆虐，其所携带的数据包和电子邮件也是越来越多，对计算机程序的破坏越来越严重。因此预防计算机病毒是当前保护电子档案信息的重要内容。

2. 计算机病毒的防治

对于计算机病毒的防治，要树立正确的理念，采取以预防为主、防治结合的方式。要防治计算机病毒进入计算机的软件内，同时还要控制自身计算机病毒的传播。在防治的过程中，要严格控制其传播的途径、寄存在计算机的方式、寄生的程序等。

二、保障网络环境下档案信息安全的措施

（一）思想保障

档案信息管理人员要树立全面的、科学的、正确的档案信息的价值观念，这是保证档案信息安全的基础。传统思维方式对档案信息的保护措施是不全面的、不完整的、不系统的价值观念。只有科学的档案价值观念才是对档案信息安全形势的有力保证，才能够建立正确的档案信息安全认知。科学的档案信息安全观是对传统安全观念的一次完善，是一次历史性的飞跃，同时也为建立现代的档案信息安全观念提供了正确的价值取向和理论指导。

（二）策略保障

档案信息安全策略是档案信息安全管理体系的核心以及执行的基本纲领，是档案信息安全保障的基础措施。目前，针对档案信息安全的新形势、新变化、新特点制定了安全管理战略和规划，各地区的相关部门根据规划的总体要求和思想制定出适合本地区档案管理的规章制度以及安全措施防范计划，以符合档案信息安全保障的科学性和合理性。应强化档案信息管理者的安全防范意识，加强档案信息安全管理的危机感，最大限度地降低出现事故后所遭受的损失。

第七章

高校档案馆及其法制建设

第一节　高校档案馆的功能

一、高校档案馆的对内功能

（一）高校档案保管功能

高校档案是指高等学校从事招生、教学、科研、管理等活动直接形成的对学生、学校和社会有保存价值的各种文字、图表、声像等不同形式、载体的历史记录。高校档案馆是高校的历史记忆库。可以说，高校档案馆记录了学校从建立、建设和发展的历史过程，能较为全面完整地反映高校的历史。虽然高校一些部门也收集保存了某些时期某些阶段的资料，但这些资料都是分散的、不系统的，多是本部门产生的文件资料，而且随着人员更替，这些资料难以长久保存。高校档案馆则不受人员更替和政策变更的影响，可以系统完整地保存高校档案资源。高校档案馆保管功能是最主要的功能，这是由档案馆的职能决定的。中华人民共和国成立以来，档案馆职能发生了一定的变化，但是档案保管职能始终并将一直是档案馆最重要的职能。

（二）资政决策功能

高校档案馆的资政决策功能主要是指高校档案馆要为学校领导层、各部门的决策和方针政策制订提供档案依据和参考。高校档案真实地记录了高校过去发展建设的经验教训，这些经验教训为现在的决策提供有价值的参考和借鉴。高校档案馆的资政决策功能是一项重要的功能，这其中有一定的历史原因。20 世纪 50 年代，全国高校没有记录学校历史的档案馆，学校的档案管理分散、混乱、没有规范统一的标准。为解决这一问题，隶属于校长办公室或党委办公室的高校档案室顺势产生，当时的高校档案室属于机要部门，其档案门类局限于文书类，利用对象也仅限校内机关部门，不对外开放。资政决策功能是当时高校档案室的唯一功能。到 20 世纪 90 年代，大多数规模较大的高校建立档案馆，取代原来的档案室，但名称的改变、规模的扩大、行政级别的提高并不意味着高校档案馆的功能发生改变，到目前为止，资政决策功能仍然是高校档案馆的一项重要功能。根据章华明先生的统计研究，上海市现有 60 余所普通高校，其中公办本科高校 29 所。在 29 所普通高校中，独立建制设馆的高校有 12 所，占 1/3 左右。这也就意味着，剩余的 17 所公办本科高校至今还是只有隶属党办或校办的档案室。档案室由于规模小、人员少，又直接隶属党办校办，所收档案还是以文书为主，这也就直接决定了资政决策功能是这些高校档案室发挥的最主要的功能。在《高等学校档案实体分类法》所确定的 10 个一级类目中，党群和行政是放在首位的最重要的两大类目，这历来是高校档案馆接收档案的两大重点类目。党群和行政档案在高校档案馆中所占比重非常大，主要为学校领导、部门作出决策提供参考依据。

（三）教学辅助功能

教学档案和科研档案是高校档案馆的一个重要部分，也是一大特色档案。教学档案主要包括教学管理和教学实践活动中形成的文件材料。一些高校建校时间长，教学档案资源丰富，在长期的教学管理和教学实践活动中形成了先进的教学管理理念和方法，这些理念和方法可以为现在的教学活动提供宝贵的参考和指引，为先进教学措施的制订提供强大的助力。教师可以从档案馆查阅前期的教学大纲、教学规划等档案，寻找灵感和线索，为自己的教学活动添砖加瓦。科研档案是指在科学研究管理和科研实践活动过程中形成的文件材料。科研档案本身具有丰富的科学文化知识和学术研究价值，通过查阅科研档案，可以了解某一领域方面的研究现状，汲取先进的研究思路和手段，为现在的学术研究活动提供基础性的材料。高校作为开展教学活动和学术研究最活跃的场所，努力开发相关档案资源，发挥教学辅助功能，这也是高校档案馆的一项重大课题。

二、高校档案馆的对外功能

高校历来是先进思想文化的发源地和集中地，作为保管全校档案的高校档案馆，自然地具有浓厚的文化气质。高校档案馆作为全国档案馆网络的重要组成部分，其功能影响也不应仅仅局限在校内。依托丰富的馆藏资源，通过多种途径为社会公众提供文化教育和服务，同样是高校档案馆重要的延伸功能。

（一）文化宣传与教育功能

高校档案馆馆藏丰富，记录了学校发展的兴衰荣辱，反映了大学精神和文化。高校档案馆记录了建校以来数十年甚至上百年的校情校史，展现了老一代知识分子励精图治、发愤图强的拼搏精神，收录了丰富的科学文化知识和人文精神，是进行爱国、爱校教育最好的素材和资源。现在有些高校档案馆下设有校史博物馆或校史展示馆，以大量的珍贵校史资料、实物、照片来展示学校的发展历程和优良传统，成为爱国主义教育基地和高校精神文明的展示窗口，充分发挥高校档案馆的文化宣传和爱国爱校教育功能。同时，高校档案馆的工作特性本身也具有宣传教育功能，档案馆作为高校直接对外的重要窗口之一，为社会和个人等广大利用者提供档案信息服务。在向广大利用者提供档案利用优质服务的过程中，也在传导一种高校诚信与文明。

（二）社会服务功能

高校档案馆是保存和提供利用学校档案的专门机构。高校档案馆收集和保管的档案是学校在教学管理过程中产生的资料文件，每个学校的档案馆都具有各个高校明显的特色和文化。专门保管学校档案也决定了对档案的需求利用也多是校内部门和师生。但是，高校档案馆的功能也不仅仅局限在校内，将服务对象从校内向社会扩张，如公开学校的历史档案，为社会单位和个人编史修志提供服务；通过编研将高校档案二次、三次加工，为社会公众提供阅读研究服务；开展毕业生学历认证，为社会提供权威有效的证书认证服务等。

三、对内功能优于对外功能

高校档案馆的保管功能一直是高校档案馆最重要的功能，是高校档案馆安身立命的基础和前提。那种认为高校档案馆应由传统的档案保管机构转变为面向社会公众的信息服务机构的观点是错误的。档案馆的存史功能是最基本的功能，延伸出来的服务功能在现代信息化的背景下越来越强大，但是不可能取代档案保管功能。英国档案学家希拉里·詹金森曾说："当文件终止它的现行效用时，对它们进行适当保存应当被看作全国关心的一个重要目标。因为它们，只有它们才能给我们的行政管理以可靠的指导。因此，历史证据的保管既不应当看作是一种奢侈，也不应当看作是什么仅仅满足学术的需要，而应看作国家的需要。"

高校档案馆的对内功能优于对外功能是由以下几方面因素决定的。

（一）高校档案馆校内直属机构的性质决定

20 世纪 50 年代，为解决当时高校档案管理分散、混乱、不规范、不统一的问题，仿照政府机关档案工作的管理方式组建了高校档案室，隶属于党委办公室或校长办公室，属机要部门，档案门类也只有文书类，其功能主要是为学校机关管理工作服务，为领导决策服务，不对外开放。后来，很多高校虽然建立了档案馆，但是原来的管理制度、方式没有改变，从隶属党办或校办转变为学校职能部门。高校档案馆的性质与公共档案馆是存在区别的，即高校档案馆的内部性。高校档案馆不像公共档案馆那样具有独立的法人资格，它只是学校这个法人下属的内部机构。高校档案馆的管理经费由学校统一划拨，人员编制也受学校人事部门的统一管理。高校档案馆是以其所属高校的建立为前提的，高校档案馆的内部性决定了其档案管理工作必须从学校的实际情况出发，因地制宜，否则，就失去了发展的前提和平台。许多学者一味强调档案馆的公共性，实则是将国家档案馆（政府档案馆）与高校档案馆混为一谈。事实上，哪怕是国家档案馆，为适应社会发展的需要，其功能不断拓展和完善，但是，档案保管功能一直是档案馆最重要的功能。我国国家综合档案馆功能建设经历了从"一个基地一个中心""两个基地一个中心"（三位一体）、到"两个基地两个中心"（四位一体）"两个基地三个中心"（五位一体）的拓展过程。档案馆功能的拓展主要体现在社会服务功能的扩展上，档案安全保管基地的基本功能始终没有改变过。

（二）社会化服务没有法律法规的硬性规定

《中华人民共和国政府信息公开条例》第十六条第一款规定："各级人民政府应当在国家档案馆、公共档案馆设置政府信息查阅场所，并配备相应的设施、设备，为公民、法人或者其他组织获取政府信息提供便利。"《信息公开条例》将国家档案馆规定为法定信息查阅场所之一，但是高校档案馆与国家档案馆性质差异较大，虽然在名头上都冠以档案馆的称谓，但是两者在法人资格、资金来源、人员编制方面截然不同，因此，将高校档案馆笼统归入国家档案馆的范畴是不对的。对高校档案馆的研究区别于国家（公共）档案馆的体系。笔者查阅了25个省级行政区的地方性规章，其中有18个省级行政区沿袭了《信息公开条例》的提法，规定"国家档案馆"为政府信息公开查阅点之一。有4个省级行政区（吉林省、湖北省、福建省、重庆市）没有在政府信息公开方式中提及档案馆。另外有3个省级行政区（安徽省、黑龙江省、新疆维吾尔自治区）在有关政府信息公开的地方性规章中规定"档案馆"为政府信息查阅场所之一。这3个行政区虽然没有明确国家档案馆，但从常理上推断，应该指的就是国家档案馆，因为政府信息，产生的档案是由各个地方的国家档案馆收集、保管的。笔者以39所985高校为分析样本，查阅其制订的关于信息（校务）公开的规范性文件，其中有32所高校都制订了相应的信息公开的规范性文件（其中北京大学、北京理工大学、西北工业大学3所高校发布了信息公开年度工作报告）。在这32份高校信息公开规范性文件中有30份文件在信息公开方式中选择采取网站、学校公报文件、校内外广播电视媒体、信息布告栏、教代会、学代会等多种方式，但均未提及学校档案馆是高校信息公开的方式之一。仅有两所高校在信息公开方式中将档案馆作为查阅场所，分别是《东南大学信息公开实施办法》（试行）第十二条第一款规定："学校在档案馆、公共档案馆设置学校信息查阅场所，并配备相应的设施、设备，为学校教职员工、在校学生和其他主体获取学校信息提供便利。"《重庆大学信息公开实施细则》第十四条第九款规定："对依照本实施细则需要公开的信息，学校采取符合该信息特点的以下一种或者几种途径予以公开：（九）资料索取点、档案馆查阅室文件。"

（三）高校档案馆的馆藏决定

高校档案馆的馆藏多立足于本校事务，与综合档案馆相比，具有专业性和有限性。高校是档案馆档案的主体来源，档案利用的前提是该档案对利用者来说是有用的、有价值的。学校在各种活动中形成的历史记录从利用需求上来说，显然对学校、校内单位、人员来说更具有价值性，对社会上的集体、个人来说，价值和需求没有那么大。因此，高校档案馆馆藏的特点决定了高校档案对社会的利用率相对较小。另外，高校档案馆的馆藏多为原始未加工的数据材料，除非是作为编史修志之用，社会单位和个人单纯为文化休闲目的而到档案馆阅档的情况非常少。社会团体或个人对高校档案的利用需求目的比较单一、范围也比较狭窄，这就决定了高校档案馆的对外功能相对于对内功能来说相对薄弱。高校档案馆在信息化的潮流中，“走出去”是提高自身影响力，顺应档案馆服务发展趋势的必然选择。但是，在进一步完善宣传和服务的对外功能时，只有以对内功能特别是档案保管功能为基础，才能为对外功能的良好实现奠定基础和条件。高校档案馆最主要的作用是保存高校记忆和储备知识，而不应盲目地追求现实利用情况。过分追求档案馆的利用作用并以之评价档案馆的功能是十分片面的。

第二节　高校档案馆功能与服务领域的拓展

一、档案馆主要职能的扩展

（一）档案馆存史资政、编史修志职能（从档案、档案工作产生到20世纪80年代）

中国有着悠久的文明和历史，有据可查的档案工作历史可追溯到殷商时期，至今已有3000多年的历史。从档案产生的历史条件看，档案与国家的产生紧密相连。由于阶级、国家的形成，为了对国家加以管理而形成了文字。文字最初的形式是文书，“最初的文字，是书契。”“造立书契，所以决断万事。”因而，档案和档案工作是国家管理的直接产物。在殷商时期的神权政治下，巫史（档案工作者）除掌管档案以外，也是最高国家行政决策人。他们对各种政事往往有实际的决策权。因为只有巫史才能对占卜的结果进行解释。因而殷商时期的档案工作是以维护政权和国家管理为目的。同时，殷商的史官已经出现了职能分工。商代史官有巫、史、大史、小史、西史、东史、贞人、乍册等，统称为巫和史。巫侧重占卜，史侧重记事，往往两种职任合一。

随着人们逐渐意识到人在国家管理中的重要作用，神权统治受到挑战。于是在春秋时期，巫史的国家决策功能逐渐被削弱，职能分化越来越明显。到西周时期，中央政府划分为卿事僚和太史僚两大部门。卿事僚主管国内外行政事务，太史僚（档案机构）主管文书册命和王宫内务。然而二者权限没有截然分开，交叉管理的事情经常发生。周代史官除典守典籍外，还负责记录统治者的言论和事迹。“太史掌建邦之六典、八法、八则，以诏王治；小史掌邦国之志，定世系，辨昭穆；内史掌王之八柄，策命而贰之；外史掌王之外令及四方之志、三皇、五帝之书；御史掌邦国都鄙万民之治令，以赞冢宰。”① 这种史官记注制度是我国历史记载的一个特色，大约奠定于西周时期。自此以后，无论朝代更替，史官之名如何变更，但是编史修志之事从未间断。

分工逐渐被细化后，自汉至隋唐，已经分化成“官”和“吏”，前者是地位高的高级文书官员，一定程度上涉及政务性的活动。而作为“吏”的文书档案人员几乎就是做纯事务性工作，为行政官吏服务。这与加强君权，限制行政官员活动密切相关。

随着档案工作者行政决策权力的削减，汉代史学的兴起，档案馆的编史修志逐渐体现出来。两汉统治者十分注重典籍的收藏。《汉书·艺文志》载：“汉兴，改秦之败，大收篇籍，广开献书之路。”百年间，书积如丘山。汉朝的档案除了政务活动的基本利用外，主要是文化学术活动的利用，特别是利用档案文件进行编纂史书和从事各类著作。其中最为辉煌的成就是：《史记》和《汉书》。这与大量档案的利用是分不开的。东汉明帝时期，下诏命班固为兰台令史。自此，我国官撰史书制度开始建立。

从汉朝起，几乎每一个皇帝都设立专门的机构和人员，根据朝廷档案编写皇帝的起居注、实录、诏令汇编和本朝的法律、制度汇编等专门的史

① 《隋书》卷三十二志第二十七。

书。魏晋南北朝时期，曹魏明帝太和年间，始设著作郎及佐郎，以修史为专职。北魏时期在秘书省下设置著作局、修史局。北齐第一次在中央设置史馆是后朝国家垄断修史机构的雏形。同时私家修史盛行，有陈寿的《三国志》，王隐的《晋书》等。至隋唐时期，官修史书制度确立，典章制度、政书大量兴起，官修谱牒发展到鼎盛。宋代编史修志显著发展，表现为编纂机构的增多，编纂史书的范围更加广泛，私人修史得到官府的支持，形成了《资治通鉴》《通志》等史学巨著。清代修《会典》《朱批谕旨》等，并且在修史的次数、成书的数量等方面都超过了以往的任何朝代。清代之后，编史修志功能有所回落，但档案依然是史学研究的重要材料。中华人民共和国成立到改革开放前，我国档案馆也没有超出政务查考服务和编史修志的范围。编史修志的发展也形成了大量的档案编纂理论和思想，这些都是我国档案事业的重要财富。

总的来说，这一历史阶段，档案工作者从殷商时期的国家权力执行人和决策者逐渐作为辅助国家权力决策者，社会地位虽然发生变化，但是从本质上来说，档案馆的利用主要是为国家政务活动提供查考利用和编史修志。两种功能是相辅相成、交互发展的。虽然大致上以汉代为界线可以划分为两个历史阶段，汉代之前主要是政务查考利用，汉代之后主要是编史修志，但两者在不同的历史时期，由于社会政治等需要，哪种功能被强化和突出也并不是绝对的。例如：明代的档案主要是政务利用，编史修志功能并不十分突出。因此，我们应当辩证地看待不同历史时期下档案馆的主要职能。

（二）档案馆开放利用的社会服务职能（20 世纪 80 年代至今）

在档案馆产生的初期，由于档案的神秘色彩和强烈的政治色彩，我们所关注的主要是档案的保管情况，档案馆的职能主要体现在存史资政、编史修志。如果说从档案、档案工作产生到 20 世纪 80 年代的档案馆的主要职能是资政和编史修志的交互发展，那么 20 世纪 80 年代以后的档案工作，在信息时代这个大背景下，档案馆被赋予了新的历史使命——以开放利用为主的社会服务功能。

当今的时代是一个信息与知识快速发展的时代。随着信息技术的不断发展和广泛应用，以及人们对信息资源价值认识的不断加深，知识经济和信息经济在经济中所占的比重不断增加。开发利用信息资源的规模、水平和程度，成为反映一个国家综合国力的重要标志。而档案作为国家重要资源的组成部分，已经成为信息资源的重要组成之一。档案信息资源的开发与利用越来越受到社会的重视，档案界也掀起了一股信息化的浪潮。

档案馆的开放利用职能是档案馆自身发展的要求。信息时代，信息来源变得更加多元化，信息获得变得快速便捷。档案作为国家社会发展重要的信息资源，其地位十分重要。在这个大背景下，档案人员继续扮演看门人是一种时代的错误。许多档案界的学者也正是因为认识到这一点，从理论和实践上进行了广泛的探讨。档案馆只有突破传统的保存职能，重视档案的开放利用服务，才能树立档案馆形象，不断扩大其社会影响力，获得社会的认可和拥护，从而全面实现档案馆的社会价值。档案馆开放利用职能在信息时代的强化，正是时代对档案馆自身建设与发展的要求。

档案馆开放利用的职能是社会档案意识不断增强的要求。随着科学民主不断深入人心，信息资源的开放和共享力度的加大，公民的权利意识和权利行为都在不断地加强。社会大众更加关注档案馆作为一个文化事业机构，它如何为社会大众服务。档案馆作为档案信息资源的存储中心，它本身就有极其丰富的信息资源，这都需要档案馆承担起为社会公众提供及时有效信息服务的重任。同时，改革开放以来，随着市场经济的不断发展，档案馆的服务范围不断扩大。从过去主要为行政机关服务，转向为经济建设、科学研究和精神文明建设服务，逐步扩展到社会各个方面。档案的利用对象从传统的行政机关部门和史学研究者向社会大众转变，呈现出平民化和社会化的发展趋势。传统重藏轻用的服务模式越来越不适应社会的发展要求。这必然要求档案工作者突破传统，重视档案的开放利用工作。档案管理从国家模式走向社会模式的转变，正是对此变化的一个最佳证明。

档案馆开放利用的职能是档案自身价值实现的需要。张斌在《档案价值论》中指出："档案价值的实现是档案主客体（客体：档案；主体：档案利用者）相互作用的结果，只有通过社会实践活动和提供利用工作的中介桥梁才能实现、发挥档案信息的价值。"开放利用是档案价值实现根本手段，也是档案工作的目的。档案工作者应当主动实现角色的转换，不仅要扮演好档案保管者，同时也要成为档案信息的提供者。只有主动提供利用服务，开放档案，让社会大众更好地了解利用档案，档案价值才能全面实现。

（三）档案馆文化功能的发现（20 世纪末至今）

最近几年，文化、记忆成为档案学界极为重视的名词。我国近年来对档案及档案馆的文化属性认识也逐渐受到人们认同。原国家档案局局长杨冬权在 2012 年全国档案工作者年会上谈档案与文化建设时就指出，档案是文化的一部分，而且是重要的部分，相当于“根”或“核”的那一部分。他提出要建设文化强国，必须建设与之相匹配的档案强国。他从要把档案转化为文化产品、要为文化建设提供档案、要为文化建立档案、要建设档案文化等四个方面讲述了如何加强档案工作，如何为文化建设服务，又如何加强档案文化建设等观点。国内外档案学理论和实践的转变都表明了档案及档案馆的文化性越来越多地被档案界以及文化界所认同。档案馆具有文化功能以及社会记忆功能这一观点已经逐渐被社会所认同。由此可见，未来档案馆的文化功能作为其主要职能之一将是毋庸置疑的。

档案馆的文化功能在西方发达国家已经被认同。虽然我国也开始发掘档案馆的文化功能，而且也越来越重视档案馆文化功能的开发，在部分地区也取得了一些成果，例如上海市外滩新馆在档案文化方面就走在了全国前列，然而实际上我国在这方面的研究和实践还是比较缺乏的。这与我国的社会形态和结构有着必然的联系。档案馆的文化功能和社会记忆功能也必然成为未来档案馆的主要职能之一。

在不同的社会发展阶段，人们对于档案的认识是不同的，对档案馆的社会定位也必然不同。档案馆的主要职能呈现出一种动态发展的特征。它随着社会的发展而不断地发展变化，这种变化主要由档案馆自身所处的外部环境所决定。当然，档案馆主要职能的转变发展并不意味着档案馆其他职能就不存在了，这是一个职能共存发展的过程。目前档案馆的存史资政、编史修志的功能依然存在，而且随着其角色转变，从被动服务到主动服务，从国家机关走向社会大众，这些转变将对档案馆的存史资政和编史修志等档案工作提出了更高的要求。

从社会变迁的视角，正确认识档案馆的主要职能的动态发展过程，有助于档案工作者在不同的社会发展历史阶段作出正确应对和选择，帮助档案工作者不断深入挖掘和实现档案价值，从而实现档案馆和档案工作者的社会价值，有效地促进档案事业和档案文化的快速发展。

二、高校档案功能与服务领域的拓展

（一）发挥档案“纽带”功能，服务师生与校友

在高校，档案管理的对象是档案，服务对象是档案利用者，即主要是在校师生和校友。档案馆既是管理全校档案工作的职能部门，还承担着为学校各部门和师生校友提供档案利用服务的主要职责。如果说，教师和学生是高校的根本所在，那么管理服务人员的水平则决定着学校的运转秩序和工作质量，三者是一个有机的整体，缺一不可。可见，管理、服务与教书、实践、科研一样担负着重要的“育人功能”。

作为高校档案工作人员，我们希望通过认真、专业、精致的服务方式，为师生校友提供友善、优良的工作学习环境，进而达到“管理育人”“服务育人”的目标。为此，我们要进一步转变工作作风，梳理档案管理流程，规范档案利用制度，变“被动服务”为“主动服务”。接待师生校友时，找准服务切入口，摸清各部门的信息需求，热心解答各类问题，采取多种查档方式，积极提供预约服务，方便他们查阅利用档案。对于一些校友来说，可能毕业之后很少有机会再回到母校，当他们联系档案馆查阅档案、开具证明时，作为学校的窗口部门要用心为他们提供快速而便捷的优质服务，让这些看似冷冰冰的档案资料成为联络师生、校友和母校情感的纽带，使他们能够感受到来自母校的温暖。

（二）发挥档案“记忆”功能，服务学校重大活动

高校档案不仅真实记录了师生校友个人的成长轨迹，也承载着学校的办学历史和发展进程。近几年，部分单位在服务学校的重大活动中取得了一些经验，丰富了学校的内涵建设。

例如，2011 年 10 月，在华东师大校庆 60 周年之际，档案馆深入挖掘校史资料，为校庆活动提供了大量珍贵的史料和照片。校史馆“以人为本”的设计理念，让一份份史料、一张张照片、一件件实物背后的故事鲜活起来。2014 年 5 月，作为纪念华东师大前身学校大夏大学建立 90 周年的贺礼，档案馆编撰出版了《大夏大学编年事辑》《大夏文萃》《大夏大

学：90 年 90 人》等“丽娃档案”丛书，获得了良好的社会反响。2014 年 9 月 3 日，在中国人民抗日战争暨世界反法西斯战争胜利 69 周年的纪念日，档案馆发掘了一批记载华东师大前身学校大夏大学、光华大学在抗战期间的历史档案史料，目的是让青年学生懂历史、知真相，为学校开展爱国主义教育活动发挥重要作用。2015 年，档案馆又相继出版《光华大学编年事辑》《光华文萃》《光华大学：90 年 90 人》等图书纪念光华大学建校 90 周年。同年，为纪念大夏大学校长王伯群诞辰 130 周年，出版《王伯群与大夏大学》并举办新书发布会；并于华东师大建校 64 周年之际，出版《圣约翰大学与华东师范大学》等。

为了更好地服务学校各类重大活动，一方面我们应有针对性地开展特色档案资源建设，建立起一批学校师生员工、知名教授、校友名人等特色档案，征集反映他们在校学习、工作和生活的照片、手稿、回忆录、文章、著作或有纪念意义的实物等。同时，广泛征集学校各时期重大事件、活动中形成的资料、实物；征集与国内外大学、机构交流合作及其他有价值的资料和实物等，这些都是学校发展历史的见证和“活化石”。另一方面，要继续加强高校档案编研与文化传播工作。通过深入研究档案校史资源，挖掘学校历史文化内涵，将其开发成多种形态的有意义、有价值的产品，全方位、多角度展示学校的风采和特色，为学校重大活动服务，产生更大的社会影响力。

（三）发挥档案资政功能，服务学校发展大局

档案的本质“不仅是简单的原始的记录，而是人类知识、信息和经验甚至思想的一种储存传承方式”。从信息资源开发的角度看，档案馆不仅是单纯地保管与利用档案的机构，还蕴藏着应用档案信息资源为现实服务和未来发展的功能。以高校档案馆为例，在学校各时期党政类档案中保存的工作计划和总结、会议记录和纪要、各类规章制度等方面的文件材料，记载了学校的总体规划、办学思路、发展方向等情况。科研类档案表明了学校教师队伍整体水平和科研力量，体现出学校总的学术水平和能力层次。教学类档案则反映了教师的教学活动情况、学生学业情况、学生思想动态等内容。学校决策者均可以从中获得重要的经验和参考，以便更好地规划和统筹学校的发展。反之，如果没有开发利用好这些档案信息资源，就失去了存史、资政、育人的有效手段，通过提供决策参考，档案馆在档案信息与决策者之间架起了一座桥梁。

围绕学校发展大局，从历史的角度提出合理化建议，为学校领导决策服务是开发利用档案信息资源的重要形式之一。为此，我们要转变观念，与时俱进，除了做好档案的收集、保管、利用等方面工作以外，更要注重档案信息资源的开发利用，将智库、思想库的建设纳入档案馆发展的重要方向。与此同时，档案馆还要加强研究型人才的培养，提升对档案信息开发和决策研究的能力，激活档案的资政功能，不断挖掘档案的价值，努力把“死档案”变成“活信息”、把“档案库”变成“思想库”，成为学校决策的参谋和智库，服务学校的发展大局。

（四）发挥档案传承功能，服务校园文化建设

档案工作不仅是事务性、技术性和服务性的工作，更是一项特殊的社会文化活动。一所大学的文化和精神是永恒的，是需要长期传承和弘扬的，如何利用档案资源，充分发挥档案的传承功能，使之在校园文化建设中体现更大的作用是值得我们思考的问题。

大学的教育教学过程，实质上是一个有目的、有计划的文化过程。所谓教书育人、管理育人、服务育人、环境育人，说到底都是文化育人。大学文化对人才培养和成长具有潜移默化的深远影响。部分学校历来重视大学精神及其文化传承。例如，在2014年正式发布的《华东师范大学章程》中，明确提出：“学校秉承大夏大学、光华大学等前身学校‘自强不息’‘格致诚正’的精神和学思结合、中外汇通的传统，追求‘智慧的创获，品性的陶熔，民族和社会的发展’的大学理想，恪守‘求实创造，为人师表’的校训规范，发扬教师教育和教育研究等传统学科优势，致力于建设世界知名高水平研究型大学。”

高校档案作为校史文化的载体，能够在文化育人方面发挥积极作用，利用高校档案的文化传承功能进行校史教育，弘扬大学精神是非常有效和必要的。例如，华东师大档案馆自2011年起，在本科生中开设校史文化解读课，受到学生的普遍欢迎。从2014年起，华东师大校领导和档案馆的校史专家为全校新生开展校史专题教育，解读校史文化，旨在通过研读档案校史，探寻师大的历史发展脉络，透过历史的细微之处感悟华东师大

的大学精神。我们认为，校史文化教育不仅要面向在校学生，还可以在教职工和校友们中进一步开展。档案馆也应以此为契机，充分挖掘档案校史资源，积极推进史志研究和档案文化传播，为学校和社会提供优秀的大学校史文化精品。通过开设校史专题讲座、组织参观校史馆、举办档案校史展览、编纂校史文化读物等多种形式，综合运用网站、微博、微信等新媒体平台，精心策划、积极宣传学校的发展历史、文脉精神和老一辈教育家、师长、校友的先进事迹，激发师生校友对学校的荣誉感、归属感、责任感和对人类社会进步的使命感，从而形成优良的学风、教风和校风。

总之，高校档案工作的意义在于不断深入挖掘档案功能，开拓创新档案服务领域，创建具有鲜明特色的档案文化。作为高校档案工作者，要始终保持高度的使命感和责任感，积极探索，把握时代的脉搏，做档案工作的有心人。在规范的基础上，用新的科技手段、新的思维方式，不断创新档案工作，充分发挥档案功能，为学校各个方面的发展服务。

第三节　智慧档案馆

一、智慧档案馆的提出

进入21世纪，信息技术的飞速发展推动着智慧地球和智慧城市的出现与发展，智慧城市体系下社会的众多需求，要求对档案实体、档案信息的管理以及档案工作进一步升级，以跟上时代的步伐。这些需求推动着档案部门在新的环境中进一步强化档案信息化建设，推动更高水平的档案馆的建成。在这样的背景下，智慧档案馆的理念应运而生。

智慧城市是以高新技术如大数据、物联网、云计算等为支撑，通过应用维基、社交网络、Fab Lab、Living Lab、综合集成法等工具，实现全面透彻的感知、宽带泛在的互联、智能融合的应用以及以用户创新、开放创新、大众创新、协同创新为特征的可持续创新模式。智慧城市关注服务的提供，更加突出人的需求。通过遍布各处的网络环境感知各处信息，实现城市的互相联系与连通，服务于民，推动社会永续健康发展。

智慧城市是由初始城市、数字城市发展而来的，两者的优化与发展是依托于大数据、云计算、物联网、移动互联网等高新技术，在数代人的努力下一步步生长而成。通过大数据对海量信息挖掘、存储和分析；通过物联网实现智慧城市的感知，覆盖市内生活环境；通过云计算构建智能的数据处理平台，解决数据、信息的处理问题；通过移动通信网络提供广泛便捷、快速的服务。信息技术的应用与融合，使以人为本、服务为先的智慧城市的建设取得了快速的发展。

智慧城市的建设和发展涉及城市运行的方方面面，影响着众多领域的发展，这要求智慧城市需要具备对海量信息资源的感知、收集、加工、存储和利用能力。因此，档案部门迎来了巨大的挑战与机遇，档案信息化建设以及档案馆的转型升级变得更加迫切。

二、智慧档案馆的基本概念

（一）智慧档案馆的定义

智慧档案馆是指通过物联网和智能技术，基于感知的智能环境和信息平台，嵌入智能的数据分析手段，编织知识化的资源网络，为用户提供无处不在、形式多样、主动灵活且高效的服务。可见，为用户提供智慧服务才是最终目的。

智慧档案馆具有三大特点：互联、高效、便利，可将其进一步解释为范在互联互通、高度智能和全面个性化。智慧档案馆可以为人们提供以人为本的智慧管理和智慧服务。随着物联网的发展和RFID技术的广泛应用，24小时自助档案馆、移动档案馆等相继问世，它们都是智慧档案馆的表现形态。

（二）智慧档案馆和数字档案馆的关系

关于智慧档案馆与数字档案馆的关系，学术界有两种不同的观点。一种认为数字档案馆是智慧档案馆发展的基础，智慧档案馆是数字档案馆的升级。智慧档案馆以数字档案馆为基础，加入馆舍智能化和感知等技术，升级为智慧档案馆，使之更加智慧化、智能化、人性化。另一种观点则认为智慧档案馆与数字档案馆是并行发展、略有交叉。

智慧档案馆的核心是感知技术，数字档案馆的核心是数据处理技术。二者核心技术不尽相同，侧重点就有所差别。

这两种观点均有其合理性，虽然二者核心技术、内容指向有所不同，但智慧档案馆是在数字档案馆原有基础上增加新技术发展而来的。

（三）未来智慧档案馆的发展趋势

成熟的智慧档案馆是基于物联网技术，基于感知系统的信息平台，嵌入数据挖掘分析机制，为使用者提供泛在、感知、超前、高效的服务。档案馆利用大数据技术、数据挖掘技术，从用户海量的原始数据中获取用户自己都未感知的信息趋向，挖掘出用户真实的信息需求，主动为用户提供服务。

三、智慧馆员

智慧馆员不是当下的档案馆馆员，不仅仅提供所谓深度服务、嵌入式服务等，事实上，当下各档案馆馆员并不能提供尽如人意的深度服务，而智慧馆员应该是知识、智慧、用户的组织者与发现者。

智慧环境下，档案馆的业务与组织结构将发生很大的变化，馆员、用户、档案信息三者之间的关系也需要重新定位。用户不仅是服务对象，也是资源，是档案馆的一部分；档案馆是档案信息中心，也是用户参与中心；馆员是信息、用户的组织者，而不是信息服务员或信息导航员。未来的档案馆用户是复杂的，用户使用或参与档案馆的方式也有所改变；未来的档案馆档案信息也是复杂的，不仅仅是数字馆藏，而是整合了多种形式的资源环境；馆员与用户的合作与联系也是多维度的。

智慧馆员首先应该是用户分析师，深入研究用户——用户的偏好、趋向、心理等，然后是用户或知识与智慧的发现者。馆员的任务是发掘用户的智慧，是用户智慧、思想、技能的组织者，使用户的智慧能够发挥最大限度的效用，并使用户的智慧与创造灵感得到激发与点燃。

（一）新媒体时代智慧馆员面临的挑战

新媒体（如数字电视、移动通信、电子书等）出现后迅速吸引了各类型受众，尤其受到年轻朋友的青睐。新媒体与人们的工作、学习、生活融在了一起，网络化、电子化的信息接收理念正逐渐渗入人们生活的点滴，也改变了人们的生活方式。它的出现对档案馆而言，提升了档案馆的服务，提高了社会对档案馆的认知度，同时也给档案馆员的思维方式和服务方式带来了新的挑战。

（二）智慧馆员提升素养的对策

1. 智慧环境是基础

（1）档案馆在建设中要求环境智慧化。消防与安保系统要到位，新型空调系统要能监测出空气中的有害污染物含量，并调节温度、湿度，提供给用户温馨的环境。

（2）智慧化档案馆要以智慧的系统作保障，来收集、加工、整理各种实体和虚拟的信息，做出科学的指令，让档案馆真正智慧化运行。

2. 智慧管理是保障

首先，智慧管理是全方位的，有硬件设施的管理、用户服务管理、信息资源采访加工管理，还有档案馆日常运行的维护管理。其次，各类型档案馆要建立一定的评估机制与绩效管理考核机制。应当根据每个馆员的实际工作绩效，采取合理的激励手段，协调好档案馆管理的各要素，给出合理的指标来衡量馆员的工作成效，并通过适当的精神或物质奖励来激励工作认真和深受用户好评的馆员。最后，创新人才机制，引进高学历年轻人加入档案馆队伍。馆领导在工作和生活中要多关心他们，业务工作中给他们提供机遇和平台，创造更多的锻炼机会。

四、智慧档案馆建设中存在的问题及对策

智慧档案馆的实践为后续智慧档案馆建设打下了坚实的基础，引领了档案馆建设的潮流。从部分地方综合档案馆对智慧档案馆建设的探索，可以看出政府以及档案部门对于档案馆的升级转型都是十分关注和十分积极的，但是通过比较分析，可以发现目前智慧档案馆的发展仍然存在一定的问题。

（一）智慧档案馆建设中存在的问题

1. 地域性差别较大

由于实际情况不同，各地对智慧档案馆的建设探索仍然是各行其是，尚未形成有系统化管理和宏观把握的格局。虽然智慧档案馆的建设已取得一定的成效，但大范围的推广建设仍不现实。

2. 投入成本过高

实现智慧档案馆的建设需要大量的人力、物力以及资金的投入，不仅

包括馆藏档案通过扫描数字化，还需要利用OCR文字识别等技术对档案信息深入分割处理，以达到能够进行数据挖掘的目的。再者，数据收集、处理、安全防护等各种平台的建立及传感、射频和其他设备的购入都需要雄厚的资金作为保障。除此之外，人员配备、工作者培训都需要一定的费用。档案部门档案信息开发受限，这在一定程度阻碍了智慧档案馆的建设步伐。

3. 缺乏整体规划和明确的政策规范

由于智慧档案馆的建设正处于初级阶段，对于许多概念、技术等研究仍不够透彻，而且各地档案馆建设都处于探索阶段，仍不成熟，对于实现系统功能要求、控制文件对象、聚合档案资源和智慧档案馆管理运作的规章流程仍不明确，智慧档案馆建设缺乏长期性、权威性、指导性政策体系。同时各个地方各自为政，致力于推动智慧档案馆建设，取得了一定的成效，但是也存在着盲目建设的现象。

4. 人才引进问题

智慧城市背景下的智慧档案馆与许多先进的技术融为一体，这就要求新时期的档案工作人员需要对高新技术、网络环境等有较深的理解贯通，因而有必要转变工作人员的传统档案管理业务模式，更新观念，追上时代的步伐。同时，智慧档案馆的转型升级需要引进大量的熟知计算机、物联网、大数据协同管理的人才。

5. 群众参与度低

智慧档案馆的建设为档案、档案工作更好地服务群众提供了新的出路，但就现实而言，公众的参与度却并没有期望中的那么高。群众认知度低、参与度低，智慧档案馆建设尚未实现提供个性化、高效服务的目标。

除此之外，仍有许多不可忽视的问题。如档案学相关领域学者对于档案馆的研究仍集中于智慧档案馆的概念、智慧档案馆与数字档案馆的关系、智慧档案馆的技术、服务等基础领域，对于智慧档案馆的建设仍处于探索的阶段，缺乏相关的法律规范以及资金、技术设备等的支持。

（二）智慧档案馆建设对策

智慧档案馆是档案信息化发展的必然产物，但我们也应该认识到智慧档案馆的建设并非一朝一夕便能完成的。这项长远的规划和长期的事业，需要档案界人士共同积极地探索和研究，发现问题、解决问题，获得有益的经验和理论支持。

1. 深入研究智慧城市背景下智慧档案馆建设理论与政策

虽然国内外已经有很多城市进行智慧档案馆探索，但是仍没有完善的智慧档案馆的标准规范。在当今社会条件下，信息技术、社会需求不断变化，智慧档案馆的模式不再那么一成不变，但智慧档案馆的建设仍然需要一定的标准和规范的指导。通过确定一定的标准，准确找到档案馆转型的切入点，通过云计算构建智慧档案馆的数据处理平台，通过大数据对数据进行挖掘、存储和分析，通过物联网感知馆内环境，通过移动互联网提供基于用户自身需要的服务，推动智慧档案馆的建设与发展。

2. 智慧档案馆建设要有整体规划

整体规划就是在一定区域内，根据确定的要求所做的总体安排和布局。智慧档案馆的建设也要有整体的规划和安排，包括找准智慧档案馆的定位、明确档案馆功能、确定档案馆构架等。智慧档案馆整体规划的构建要从当地实际情况出发，针对本单位的馆藏档案信息、设备情况、人员配备、资金支持、技术状况，考察构建智慧档案馆的方向以及可能面对的问题，同时配合其他地方档案馆建设的经验方法，灵活应用，做好整体规划。

3. 积极构建合作机制与平台

目前，各地数字档案馆等都有了一定的发展，为智慧档案馆的发展提供了很好的借鉴。数字档案馆及数字图书馆在海量信息收集、存储、数据挖掘、信息检索、查询方面为智慧档案馆打下了良好的基础，通过学习已有经验、补充存在的漏洞，可为以后的图情档一体化打下坚实的基础。

4. 人员观念的更新和转换

智慧档案馆的建设需要引进大量的物联网、计算机技术人才，也需要对原有的档案工作者进行培训，进行观念的更新与转换。这不仅包括从纸质环境下的管理理念向电子环境、智能管理环境下的管理理念转变，也包括从孤立封闭的保守观念向合作开放的共享观念转变。通过人员观念的转换，改善档案工作者思维方式、工作方式，推动智慧档案馆转型升级。

同时，注重对群众档案意识的培养，通过政策普及、服务升级与宣传，让群众了解智慧档案馆，参与到智慧档案馆所提供的服务中去，让智慧档案馆服务于民，提供智能化、个性化服务。

信息时代的来临，使智慧地球、智慧城市的理念相继出现，进而推动着传统档案馆优化升级向智慧档案馆转变，这是继传统档案馆向数字档案馆发展之后出现的又一新趋势。智慧档案馆是档案信息化发展的必然产物，是档案馆的高级形态。虽然智慧档案馆的研究仍处于初级阶段，档案馆建设也处于探索阶段，但这不能成为我们停滞不前的借口。我们更应该进一步去探讨智慧档案馆概念、技术、体系构架等知识，形成完善、成熟的理论，用理论去指导实践，进而取得智慧档案馆建设的新成就。在今后很长一段时间里，智慧档案馆都应是我们关注的重点。

对于档案部门来说，要进一步探讨智慧档案馆相关理论，积极引进人才、培训工作人员，强化建设智慧档案馆，提供智能服务的意识，通过统一部署，形成区域内智慧档案馆集群。同时要以人为本，以用户的需求为首要遵循标准，积极对海量信息进行收集、整理、挖掘、管理，提供高质量服务、智能服务。

第四节 新时期高校档案法制建设的思考

一、当前高校档案法治建设中存在的问题

（一）“高度”不够

随着国内高校的不断发展和技术、科研、管理的改革和创新，高校的内涵建设逐渐地深入发展，高校法制建设的进程不断加快，高校软实力的提升也在不断深化和发展。

然而，在各高校法制建设的过程中，对高校档案管理的法制建设还存在一定的问题。如高校档案管理部门还无法从高校整体法制建设的高度去思考高校法制建设对高校发展的意义及作用，无法及时、主动地将档案室的法制建设融入高校法制建设的总体规划中，导致档案法制建设从“高度”层面还无法跟上高校整体法制建设的步伐。

（二）“宽度”不够

高校法制建设是高校整体的建设，需要高校内各个主管部门的积极配

合，如行政宣传、计算机网路中心、学生处、后勤处、教务处等，高校要借助各部门的力量进行高校的法制建设，这样才能够取得良好的成果。然而，高校的档案部门，作为高校长期的、内部的机构，受到传统思想的束缚较为严重，加上档案工作本身的专业性较强，在高校进行法治建设的过程中，档案部门仅仅是将其看作本部门的内部工作、专业工作，经常出现档案馆内人声鼎沸，档案馆外门可罗雀，这导致了档案馆法制建设的“宽度”不够。

二、推进高校档案法治建设的对策

（一）融入学校法治建设

加强档案馆的法制建设，为高校的法制建设创造良好的环境，是档案法制建设的主体目标和重要内容。高校档案部门要站在学校的高度去思考高校法制建设的目的和意义，以及对高校的发展所产生的作用和影响。作为高校的内设部门，要积极主动地配合高校法制建设的进程，积极地将档案法制建设的目标、制度、措施融入高校整体的法制建设中去，要成为高校法制建设中不可或缺的部分。

（二）加强馆外合作

档案法制建设是一项整体、系统的工程，需要各部门的协调发展才能够成功，如宣传部门对法制建设精神的宣传，网络部门、工会等组织对法制建设的宣传和发展，各部门、各组织积极为法制建设的顺利展开发挥其特定的作用，进一步拓展了档案法制建设的“宽度”，扩大了档案法制建设在高校内的影响力。

总之，高校档案法治建设是高校档案工作的重要内容，是高校法治建设的组成部分。高校档案部门要充分认识档案法治建设的重要意义，进一步解放思想，开拓创新，努力实践，不断提高依法治档能力，推进高校档案事业的科学发展，为我国高等教育的改革发展做出积极贡献。

第八章

高校档案管理方法

第一节　高校特色档案馆藏资源建设

一、高校特色档案馆藏资源的概念

教育部第 27 号令《高等学校档案管理办法》中规定，高校档案包括党群、行政、学生、教学、科研、基本建设、仪器设备、产品生产、出版物、外事和财会 11 类。《四川省〈高等学校档案管理办法〉实施细则》（川教〔2009〕204 号）又增加了人事类。这些类别基本涵盖了高校招生、教学、科研、管理等各项职能活动，体现了高校职能活动的历史面貌和高校档案的特色。但是，在实际工作中，一些利用者仍然会感叹，“来查的基本没有，馆藏的基本没用”。虽然这种说法过于片面，但也从一个侧面反映了高校的档案馆藏资源在某些方面做得不到位。高校档案馆既具有机关档案室的职责，同时又肩负文件中心和档案馆的重任，在遵循国家相关规定的基础上，应该进一步丰富馆藏，优化结构，结合学校实际，建立有特色的档案馆藏资源。

二、高校特色档案馆藏资源建设的措施

（一）丰富馆藏内容

1. 现有类别档案应收集齐全、完整

衡量档案馆藏的第一条标准就是数量丰富。凡是记录和反映本校职能活动的，根据相关规定在归档范围之内的，都应该尽量收集齐全完整，决

不允许部门或个人私自留存应该归档案馆永久保存的档案。

2. 现有类别档案归档内容应有所侧重

不同性质不同层次的高校，同一类别的档案在内容侧重点上也会有所不同。例如，四川国际标榜职业学院属于高职专科院校，以教学类档案为例，在重视传统的学籍档案的收集之外，高职专科院校的专业建设档案就比学科建设档案内容更加丰富；教学实践资料的数量比理论教学资料的数量更多；实体化、模型化、作品化的毕业设计肯定比文字化的毕业论文数量更多。这就要求在遵循国家规定的高校档案归档范围的基础上，结合学校实际，有所侧重地加强现有类别中更能反映本校招生、教学、科研、管理各项职能的档案资料的收集，在保证档案资料数量的前提下体现自己的特色。

3. 特色档案馆藏资源建设

以四川国际标榜职业学院为例，在接收党群、行政、学生、教学、科研等 11 类档案的基础上，还结合实际建立了自己的特色馆藏资源。

（1）课程档案。学校生产和销售的产品就是课程，而学生就是这些课程的消费者。因此，在重视传统学科建设、专业建设的基础上，四川国际标榜职业学院高度重视课程建设，课程档案自然也成为重点收集保存的专项档案之一。

四川国际标榜职业学院的课程档案以一门课程为一个立卷单位，包括该门课程的教学任务书、教学大纲、授课计划、教案、课件、教材或讲义、教学日志、实训手册、日常考核、终结性考核、成绩册、点名册、课程展示平面资料、系和教研室对此课程的三级检查表、本系教师和主任对该课程的听课记录表、学生对该课程的评教统计、课程总结以及其他有保存价值的资料。课程档案对评价课程教学质量、研究课程教学方法、组织实施课程教学改革具有重要的凭证作用和学术参考价值。目前，四川国际标榜职业学院已接收课程档案近千卷，正在逐步发挥出它的作用。

（2）美国标榜教学资源。由于知识产权保护等方面的需要，四川国际标榜职业学院与美国标榜美发学院合作并引进的美国标榜教学资源由档案室集中保存。这部分资源严格来说不能算档案，但其价值却不容小觑。四川国际标榜职业学院保存了美国标榜最早的课程教学包。据了解，这在世界各地的标榜乃至美国标榜的总部都没能保存下来。而这部分教学资源，对于四川国际标榜职业学院人物形象设计、美容保健这两个特色专业的建设都具有重要的作用。

4. 丰富馆藏档案载体形式

在接收传统纸质档案的基础上，四川国际标榜职业学院还非常注重电子文档、声像档案、实物档案等其他载体形式档案资料的收集和保存。

首先，四川国际标榜职业学院制定了各部门的档案归档范围细化目录，明确要求各部门必须按月整理归档移交本部门本月产生的归档范围之内的电子文档。电子文档的移交考核纳入当月该部门负责人和兼职档案员的绩效考核，并与绩效工资挂钩。馆藏的电子文档由于其全面性和时效性，成为利用率最高的馆藏类别之一。

其次，在按月收集电子文档的同时，要求宣传部等相关部门按月归档移交本月拍摄的所有照片、视频等声像档案。声像档案为学院招生、宣传、大事记编写、校史编撰等工作提供了大量生动翔实的佐证材料。

最后，要求各相关部门归档移交实物档案。实物档案的收集归档采取不定时的方式，有产生则移交。四川国际标榜职业学院收集的实物档案不仅包括奖牌、证书、作废印章，还包括学院对外交流合作中赠送或接收的礼品，对学院发展有重要纪念意义的物品等，这些是学院发展史最生动直观的记录。

（二）优化馆藏质量

馆藏资源的优化，包括馆藏结构的优化和馆藏成分的优化。

1. 把好鉴定关口

要优化馆藏质量，首先要把好档案鉴定关。

（1）高校档案鉴定首先是业务部门的归档鉴定。在四川国际标榜职业学院，各业务部门首先对照归档范围细化目录，剔除不应归档的文件；其次根据文件的原始价值，审查每份归档文件的真实性和完整性。这是优化档案质量应把好的第一道关。

（2）进馆鉴定。文件办理完毕一经归档，就全部进入了档案馆。档案馆首先对进馆档案是否真实、完整地反映了各职能部门的工作以及档案的质量进行鉴定，其次进行具体的保管期限的划分。

（3）进馆后鉴定。包括期满存毁鉴定、开放鉴定等。档案进馆后，对已到保管期限的档案进行期满存毁鉴定；对保密期限已满的档案，进行开放的鉴定。

2. 做好收集工作

档案收集要将反映本校主要职能活动，反映本校历史面貌、重大事件、文化特色、资源开发、科技发明、建设成就、创举建树，反映本校重要人物的身份、资历、生平事迹等主要事实记录材料收集进馆。

档案收集工作最重要的就是要加强特色档案的收集，并努力使这部分档案优化，形成自己的馆藏特色。美国哈佛大学档案馆完整保存了建馆三百多年来的博士论文档案；清华大学档案馆收集了较多的实物档案，其中不乏珍贵之品；南京大学因其率先在高校中建立名人档案，形成了一套完整的建档规范，在高校档案界独树一帜。四川国际标榜职业学院的课程档案、美国标榜教学资源、实物档案、电子档案等特色档案馆藏资源，也是馆藏档案中的一道亮丽的风景线。

第二节　高校口述档案建设

一、口述档案的基本概念

（一）口述档案的产生与发展

历史上具有口述档案性质的工作早已有之。在文字产生之前，人们就是通过口耳相传的方式记录历史的。古希腊著名的《荷马史诗》就是盲诗人荷马利用口头传说编纂而成的，它再现了公元前 11 世纪到公元前 9 世纪的希腊史，被奉为“希腊的圣经”；而中国的司马迁遍访民间知情者，历经十余载写成传世史书《史记》；中国藏族具有史诗性质的《格萨尔王传》也来源于口头说唱。

随着时代的发展，口述历史开始出现。现代口述史学的形成是口述档案产生的重要土壤。学界普遍认为，1948 年艾伦·内文斯（Allan Nevins）教授在美国哥伦比亚大学发起创立口述历史研究室这一事件可以作为现代口述史学确立的标志。从那时起，口述历史研究热潮开始波及世界各地，如美国、英国、加拿大、新西兰、法国、新加坡、澳大利亚、意大利、德国、西班牙、墨西哥、巴西、阿根廷、南非等国在口述史研究方面均有所建树，我国台湾地区的口述史计划也不断升温。口述史研究成为历史学的一个重要研究领域，各国的口述史研究专家为此做出了大量卓有成效的工作。各种口述历史工作成果和研究专著层出不穷，如保尔·汤普逊（Paul Thompson）的《过去的声音——口述史》、罗纳德·J. 格里（Ronald J. Grele）的《声音外壳：口述历史的艺术》、伊娃·M. 马克马汉（Eva M. McMahan）和吉米·L. 罗杰斯（Kim Lacy Rogers）的《交互式口述历史访谈》、瓦拉利·雷海·尤（Valerie Raleigh Yow）的《记录口述历史：社会科学家的实践指南》、唐纳德·A. 里奇（Donald A. Ritchie）的《大家来做口述历史》、戴维·K. 杜那威（David K. Dunaway）的《口述史学：跨学科文集》、罗伯·帕克斯（Robert Perks）的《口述史学读本》等。各种口述历史研究机构也纷纷成立：美国口述历史协会成立于1966年，英国口述历史学会成立于1973年，加拿大口述历史协会成立于1974年，澳大利亚口述历史协会成立于1978年，新加坡口述历史中心成立于1979年，国际口述历史协会成立于1996年，中华口述历史研究会成立于2004年。此外，美国的《口述历史评论》《口述史书目》、英国的《口述历史》等专业期刊也推动了口述史学的发展。

中国现代口述史学始于20世纪80年代，当时有一批史学专家介绍西方的现代口述史理论与方法，并逐步得到推进。1986年箐舜发表在《西北大学学报》第3期的《口碑史学的方法评析》一文介绍了汤普森的口述史观点——“人民的历史”；20世纪90年代杨雁斌在《国外社会科学》连续发表了多篇推介国外口述史学的论文，1998年还发表了综述性文章《口述史学百年管窥》（上、下）；1996年，杨立文教授在北京大学首先开设“口述史研究”课程；2002年《当代中国史研究》《光明日报》开设专栏讨论“口述史学”，介绍口述史研究。各地电视台也纷纷开播口述历史类栏目，如中央电视台的《讲述》《口述历史》《见证》《大家》，凤凰卫视的《口述历史》，湖北卫视和上海电视台的《往事》，扬州电视台的《天南地北扬州人》，虽然这些栏目大多还不是真正意义上的“口述历史”，但至少说明口述历史已经引起了社会的关注。

国内的口述史成果也开始出现，如定宜庄的《最后的记忆一十六位旗人妇女的口述历史》（中国广播电视出版社，1999）、20 世纪中国科学口述史丛书中冯骥才的《一百个人的十年》（时代文艺出版社，2003），张健飞、杨念群的《雪城求法记：一个汉人喇嘛的口述史》（生活·读书·新知三联书店，2003），刘小萌的《中国知青口述史》（中国社会科学出版社，2004），艾恺的《这个世界会好吗——梁漱溟晚年口述》（东方出版中心，2006）等。尤其还出现了口述史学研究专著，如杨祥银的《与历史对话：口述史学的理论与实践》（中国社会科学出版社，2004），周新国的《中国口述史的理论与实践》（中国社会科学出版社，2005），李向平和魏扬波的《口述史研究方法》（上海人民出版社，2010），定宜庄等人的《口述史读本》（北京大学出版社，2011）等。中国社会科学院刘志琴研究员指出，当前中国史学的发展有两大趋势：一是田野调查引起史学研究者的关注；二是口述史的兴起。这两者标志当代史学研究的视野从单纯的文献求证转向社会、民间资料的发掘，这是历史学进入 21 世纪的重要倾向。

在全球性的口述历史热潮中，有一支重要的力量不可忽视，那就是各国的图书馆和档案馆。无论在欧美国家还是亚非国家，图书馆、档案馆都是推动口述历史研究的重要力量。人们发现档案与口述历史的联系是如此密不可分，就口述资源本身来讲，它蕴涵着丰富的，基于实际生活、良知和普通人思想情感基础上的民间文化或大众文化内容。从西方马克思主义的角度看，这些民间或大众文化内容充满着具有重要第一手史料价值的历史知识。

这里，“重要第一手史料”就意味着口述资源的“档案”属性，这一点已被众多学者认可。梁启超在《中国历史研究法》中也表明了历史研究中口述档案的重要性，他谈道：“得史料之途径，不外两种：一曰在文字记录以外者；二曰在文字记录者。在文字记录以外者，此项史料之性质，可略分为三类：曰现存之实迹；曰传述之口碑；曰遗下之古物……采访而得其口说，此即口碑性质之史料也。”这里的口碑史料就是指通过口述形式获取的史料，即本书所述“口述档案”。美国口述历史研究专家唐纳德·里奇在《大家来做口述历史》中用了大量的篇幅论述口述历史计划与档案馆的关系，他认为，由于美国口述历史运动根植于哥伦比亚大学、康奈尔大学、加利福尼亚大学伯克利分校和洛杉矶分校等著名大学的档案馆，早期与档案馆的这种密切关系，深深地影响着美国口述历史的进行。英国口述历史研究专家、艾塞克斯大学社会学教授保尔·汤普逊同时也是英国图书馆国家声音档案馆的创始人（该馆是世界上最大的声音档案馆之一），他从 1983 年开始致力于口述历史项目的实施。在加拿大，档案馆是口述历史工作的主体，从事口述历史工作的大多是档案学家。西班牙的巴塞罗那城市历史档案馆从 20 世纪 80 年代开始致力于口述史工作，设立了口述史资料部。此外，澳大利亚、新加坡等国的档案馆在口述历史项目中也承担着主要角色。

各国档案馆对口述历史项目的介入直接引发了档案界扩大档案馆职能的呼声，口述历史开始成为愈来愈多国家档案工作拓展的新领域。国际档案界也对这项工作给予了充分的重视。虽然不一定援用“口述档案”一词，但国际档案界的不少国际会议都涉及“口述历史”。国际档案理事会东南亚地区分会有两次涉及口述历史的重要会议：一次是 1978 年 5 月 8 日至 13 日在马来西亚槟榔屿召开的讨论会，主要讨论了口述史问题，探讨了口述史与口述传说的区别；一次是 2005 年 4 月 7 日至 9 日在马来西亚吉隆坡召开的主题为“口述历史的保存、传播与国家遗产”的会议。国际档案大会对口述历史也长期关注：在 1980 年的第九届国际档案大会上，肯尼亚国家档案馆馆长梅那·卡哥姆贝博士（M. Kagombe）发表了《口述史与档案》的专题报告；在 1984 年第十届国际档案大会上，来自新加坡的档案学者谭莉莉发表了《档案馆职能的扩大——关于口述史料的管理问题》；联合国教科文组织 1990 年的 RAMP（文件与档案管理规划）中一份有威廉·W. 莫斯和彼得·C. 马兹卡那撰写的《档案，口述历史与口头传统》，对档案馆、口述历史及口述传统的关系及其工作原则等进行了深入的调研和探讨。

（二）口述档案一词的出现

相对口述档案工作而言，“口述档案”一词的出现较晚。目前，档案学界普遍认为，国际档案理事会 1984 年出版的《档案术语词典》中关于“口述档案”的法文词条是“archives orals”，西班牙文词条是“archivo oral”。这是这一词语第一次出现于正式出版物中。于是，1988 年 8 月，在法国巴黎召开的第十一届国际档案大会上，就有报告正式使用“口述档案”（oral archives）一词。在这次大会上，法国保罗·勒内·巴赞在其主报告《新型档案材料的形成和收集原则》中对国际档案理事会甲类会员国中的 66 个国家新型档案材料的产生情况做了调查。根据她的调查，有 60 个国家答复了征询问题，其中，55 个国家有口述档案产生，5 个国家没有口述档案产生，6 个国家没有回答该问题。这说明，在 20 世纪 80 年代，档案学界开始有学者认同“口述档案”一词。会上，塞内加尔档案工作者萨利乌·姆贝伊（Saluou Mbaye）发表了专门以“口述档案”为主题的报告，报告中表达了作者的希望：“希望在本届大会后，口述档案能够在当代档案学理论中获得应有的地位。”此后口述档案开始为国内外档案界所关注。

“口述档案”这一词语出现以后，由于国外许多国家的口述历史工作是档案馆的工作职责之一，所以，使用较多的仍然是“口述历史”（oral history）“口头传说”（oral tradition）等词，“口述档案”一词在国际档案界的使用频率并没有太大的提升，但在中国的发展却相当快。根据中国知网，目前所能检索到的中国档案界关于口述档案的研究始于吕明军发表于 1986 年第 6 期《档案》的《口述档案及其兴起》一文。20 世纪 90 年代，国内许多档案期刊发表了相关的文章，还有学者把国际档案界关于口述档案的研究介绍到中国，如傅华介绍的《国外口述档案工作》（《上海档案》1993 年第 3 期）和《口述历史·口头传说·口述档案——威廉·W. 莫斯先生访谈录》（《中国档案》1994 年第 9 期），刘国能在《值得重视的口述史料工作——访问新加坡的一点启示》（《中国档案》1996 年第 4 期）对新加坡口述史料工作作了介绍，莫易介绍了《非洲塞内加尔的口述档案》（《上海档案》1993 年第 3 期），等等。

时至今日，认同也好，不认同也好，“口述档案”一词还是进入了众多研究者的视野。以“口述档案”为检索词在中国知网收录论文的全部数据库（1979 年至今）作关键词、篇名或者主题精确检索，可检索到 299 条记录（检索日期：2015 年 1 月 31 日），说明这个概念已经渐渐被人们认可和接受。

二、口述档案的采集过程

（一）确定以档案部门为主的采集主体

当前高校的口述档案实践中，缺乏明确的采集主体，档案部门、宣传部门、校友会甚至个人，出于不同的目的，都在开展一些口述档案的采集。采集主体的不确定，不仅造成采集标准的不一致，也会出现“不同地区、不同学科、不同目的的采集者对某一热点对象的重复采集、交叉采集”，而对学校的历史发展有着重大贡献和影响的人物和事件无人问津，造成史料的损失。我们认为，由档案部门为主负责口述档案的采集，是最为科学的。

（二）根据口述主题，选定采集对象

口述档案是由采集主体通过对采集对象的访谈而形成的。访谈对象的选定是实现口述档案采集的一个重要步骤。选取合适的访谈对象，对口述档案的采集内容和质量有着重要的影响。

访谈对象的选择与口述主题是密切相关的。口述主题的确定，是选择访谈对象的前提。在初步确定了访谈对象后，要与访谈对象初步沟通，了解对方的身体状况、精神状况，及参与访谈的意愿，确定最终访谈名单，并根据年龄、重要性，合适的访谈时间、地点等，一一加以分组，据此做好时间的计划和安排。

（三）建立规范的口述档案采集程序

1. 访谈前的准备

访谈前的准备是访谈的重要组成部分，准备工作的好坏直接关系到访谈能否顺利进行。访谈前的准备工作做得越细致、越详细，访谈成功的可能性越大。

（1）制订详细的口述计划。计划性是口述档案区别于其他类别档案的重要特点。明确而细致的口述计划，不仅有利于口述工作有条不紊地开展，也可为口述档案的建设寻求更多的支持，获取采集对象的认可。

（2）选取受访者，收集并熟悉受访者资料。在受访者的选取上，除了遵照口述计划的总体安排，考虑受访者的年龄和影响的同时，在口述的开始阶段，可以选取一两个自己较熟悉、愿意配合的受访者，积累经验，并

建立信心。

在选取了受访者后，要多方收集受访者的相关资料，包括查阅受访者档案材料，通过书报、期刊、网络等途径查阅与受访者相关的资料：不仅要熟悉受访者的主要经历、专业背景及成就，也要尽可能比较充分地掌握与采访计划、被访者经历相关的专业知识，包括一些重要的专业词汇，重要的人物、事件等。

（3）拟定访谈提纲。在访谈提纲的拟订上，可以先围绕确定的口述主题，拟订一个提纲模板，列出想要了解的普遍性问题，然后根据收集到的受访者的资料，添加补充与主题相关的特殊性问题。

2. 访谈的实施

访谈是口述档案形成的关键环节，访谈的质量直接决定着口述档案的质量。在访谈前，要明确向受访者说明建立口述档案的目的、意义、程序，口述抄本的制作、保管及利用，并与受访者签订授权协议书。

访谈结束，要做好访谈的登记，记录访谈时间、地点、受访者、参与人员、访谈主要内容。有捐赠相关实物的，要做好捐赠登记，并向受访者说明抄本的制作程序。

3. 后期的整理

访谈结束，并不代表口述档案采集的完成。访谈中形成的录音，必须经过整理，制作抄本，并请受访者审核，签字认可，才能作为口述档案归档保管。抄本的制作是口述档案采集的一个重要环节。在抄本制作过程中，要忠于访谈的原始性，不得任意删改。同时，通过抄本的整理，也可以发现提纲拟订及访谈过程中的不足，便于以后工作的改进。

（四）口述档案采集中要注意的问题

1. 建立彼此信任的合作关系，确保口述档案采集的质量

口述档案是通过受访者的讲述而形成的。所以获得受访者的信任，是获取有价值、有深度的口述内容的重要保证。要充分了解并熟悉访谈对象的主要经历、专业背景、社会关系，访谈者对当事人和相关事件的主题知道得越多，就越容易建立起融洽的关系，并可利用档案部门的档案资源，为其收集并提供访谈对象指导的学生名单、获奖证书、照片以及书报刊等出版物中与访谈对象相关的资料。由于高校口述档案的采集对象大都为年事已高的老年人，所以要充分考虑老年人的身体状况和需求。比如，访谈提纲的字号，要稍微大一号，提纲和材料尽量亲自送交或者选择快递，在访谈过程中，语速稍慢，语调稍高，访谈时间和地点的选取上要尊重采集对象的意见并尽量给他们提供方便。

2. 要将口述档案的采集与实物的征集相结合

可在联系访谈前，请受访者花些时间和精力，将笔记、手稿、奖章、照片等清理出来，访谈结束时可以对这些实物进行拍照、扫描，或者接受捐赠。充分利用口述过程中与受访者建立的良好关系，开展实物的征集，获取多种介质的史料。

第三节　高校学生档案管理

一、学生档案的作用

不同层次的学生档案，具有不同的作用。高中毕业生的学生档案，主要可供高等院校录取时参考，当然也可以为学校领导和任课教师提供学生各类情况，有利于教学管理。高等院校毕业生的学生档案，既可为学生继续升学攻读硕士学位的高校提供参考，也可以为招聘毕业生的用人单位提供参考。学生档案具有以下四个方面的作用。

（1）有利于促进学校管理水平和教学质量的提高。新生进校后，通过建立各种表、卡、册，将学生各个学期的思想品德考核、学习成绩、是不是学生干部和三好学生、爱好、特长、社会活动能力、受过何种奖励与处分等情况进行登记。这样，有利于学校和教师全面掌握学生情况，为建立班委会、团组织和开展教学科研活动提供依据，为因人施教、改进教学方法、提高教学质量打下基础。

（2）有助于高等院校招收高中保送生制度的实施。在通过全国统一考试选拔新生的同时，招收少量中学保送生，是高校招生制度的一项改革，招收高中保送生制度的实施有利于高校更好地招收优秀的拔尖人才。这项工作的顺利进行，离不开高中学生的档案。

（3）有利于招生学校贯彻德、智、体全面衡量、择优录取的原则。

（4）可以为深造、聘用、择业提供重要依据，便于社会用人单位较好地挑选和正确地使用人才。

二、学生档案的归档范围与要求

（一）学生档案的归档范围

1. 高中阶段档案材料的归档范围

普通高等学校招生考生报名登记表，普通高等学校招生考生体格检查表，普通高等学校招生考生志愿表，高中毕业生登记表（含学籍管理、成绩登记、体检表、家庭情况登记表、社会实践活动登记表、体育合格情况登记表、身体素质测试登记表），高中毕业会考证（副本），入党入团材料等。

2. 大学阶段（含大专、本科）档案材料的归档范围

（1）国民（成人）教育材料。入学登记表，毕业生登记表，鉴定表，各科学习成绩登记表，学位申请及评定书等。

（2）入党、入团材料。入党志愿书，预备党员转正申请书，自传，政审材料，入团志愿书，退团材料等。

（3）校级以上的奖励材料。主要包括三好学生、优秀学生干部、优秀党员、团员、优秀毕业生等材料。

（4）校级以上的处分材料。主要包括处分决定与撤销处分的有关材料，法院判决书，复查甄别报告、决定（结论），上级批复等。

（5）更改姓名、民族、出生日期、入党入团时间、参加工作时间等材料。包括个人申请、组织审核报告及依据的证明材料、上级批复等材料。

（6）其他有价值的材料。如出国材料，因公（私）出国（出境）审查表、备案表，在国外表现情况材料、学习情况材料或鉴定材料，丧事材料，学生死亡报告，悼词、生平、报纸报道消息、讣告、非正常死亡的调查报告及遗书。

（二）学生档案的归档要求

学生档案的材料丰富，收集要具体、全面，归档时必须达到如下要求：

（1）材料必须注明学生所在院（系）、年级和班级。

（2）归档材料必须是办理完毕的正式材料。

（3）归档材料必须完整、齐全、真实、文字清晰、对象明确、有承办单位或个人署名，有形成材料的日期。

（4）归档材料必须手续完备，凡规定由组织审查盖章的，需要组织盖章；规定要同本人见面的材料（如审查结论、复查结论、处分决定或意见、组织鉴定等），一般应有本人的签字。特殊情况下，本人见面后未签字的，可由组织注明。

（5）归档材料应使用国家统一规格的办公用纸，材料左边应留出 2～2.5 厘米的装订边。文字必须是铅印、胶印、油印或用墨汁书写。不得使用圆珠笔、铅笔、红色墨水、纯蓝墨水和复写纸书写。

（6）归档材料应是原件，特殊情况存入复印件的，应在复印件上注明原件保管单位，并加盖公章。

（7）归档材料中毕业生登记表应加盖学校各类学生主管部门的公章。

（8）归档材料中成绩单应加盖院（系）的行政公章。

（9）归档材料清理完后必须统一装入毕业生档案袋，按要求用蓝黑墨水、黑色墨水填写档案袋封面，将归档材料按专业、班次分开，并按学号的先后顺序依次排列。

（10）任何单位和个人，均不得将不该归档的材料归入学生档案。

（11）学校档案馆（室）对不符合归档要求的档案材料，有权拒收或退还归档单位，并限期改正后归档。

三、学生档案的利用与转递

（一）学生档案的利用

（1）查阅学生档案应经学生所在单位的党组织批准，方可查阅。

（2）查阅单位应派中共党员干部到档案馆（室）查阅档案，但学生本人、其他学生都不能查阅学生档案。

（3）查阅和借用学生档案应严格履行登记手续。

（4）任何个人不得查阅或借用本人及其直系亲属的学生档案。

（二）学生档案转递及流程

（1）档案馆（室）保管的学生档案由档案馆（室）通过机要、特快专递或派专人（中共党员）送取，原则上不准交学生本人（含亲属）自带。

（2）转出学生档案时，不得扣留档案材料或分批转出。

（3）档案一经寄出，收到档案的单位，经核对无误后，应在回执上签名盖章立即退回。

四、学生档案管理中的问题与应对措施

随着社会的不断发展和用人单位不断变换的需求，高等学校学生工作部门和档案受理部门，必须采取一些针对性的有效措施，大力宣传贯彻《档案法》，强化师生档案意识，提高对学生档案管理重要性的认识。同时，必须充实学生档案的内容，规范学生档案管理。

五、做好当前高校学生档案工作的建议

在高等教育事业快速发展的新形势下，如何使档案工作更好地为教学、科研等各项工作服务，实现档案管理的科学化、规范化是摆在高校档案工作者面前的一项重要课题。随着社会观念、经济体制等方面的变革，社会步入知识经济时代，高校学生档案管理工作中出现了不少新情况、新问题，比如在管理制度方面缺少明确的法律和制度依据，管理制度不完善；在管理模式方面模式老套，技术落后；在日常管理方面管理方式松散，部门之间缺乏协调，管理队伍建设薄弱，素质不高，流动性强等。因此，深入探讨高校学生档案管理中需要解决的一些问题，对于及时、准确、完整地为学生求职就业和单位选拔人才提供信息，促进大学生就业，甚至对整个人事档案管理工作的开展都有着积极的意义。

（一）从建章立制入手，制定完善的规章制度

2008年，教育部和国家档案局颁布的《高等学校档案管理办法》，在文件归档范围中增加了“学生类”档案，这体现了国家教育和档案行政管理部门对高校学生档案管理的充分重视。高校要充分认识到学生档案管理工作在学校整体工作中的重要性，广泛宣传，提高全体相关人员的档案意识，为学生档案工作的开展营造一个良好的内部环境。学校要把学生档案工作纳入议事日程，把它当作一项基础性的工作来抓。树立正确的管理观念，健全管理机制，根据实际情况制定完善学生档案管理方面的规章制度，把学生档案管理工作纳入相关职能部门的年终目标考核中，在布置、

检查和总结学生管理工作的同时，总结和检查学生档案管理工作；认真落实，做到学生档案管理人员到位、设备到位和经费到位。

（二）通力合作，形成多部门协作的学生档案有效管理机制

多年来，在我国的一些高校实行的是学生档案的分散管理方式，有的由档案部门负责，有的由招生管理部门、学生管理部门、教学管理部门或各下属学院负责管理，但由于学生档案工作涉及学校的多个部门，往往会出现管理不规范、部门之间不协调的现象。《高等学校档案管理办法》中明确指出学生档案管理部门是学校的档案部门，这对于人员少、工作任务重的高校档案部门来说既是挑战，又是机遇。高校档案部门应结合自身情况，探索新形势下的学生档案管理机制。高校应成立由主管校长牵头，招生、教务、就业、学生管理、档案等部门负责人和各院系负责人及兼职档案员组成的，多部门合作协调的有效管理体制。

（三）抓好日常管理工作，夯实学生档案管理工作基础

加强高校学生档案的日常管理，确保学生档案信息真实、准确和完整，必须将其当作一项重要工作来认真对待。因此，要做好以下几方面的工作：一是拓宽收集渠道，规范新生档案交接，防止和杜绝学生自带档案引发的问题，确保学生档案内容的真实性和完整性。二是学生档案材料产生部门要及时移交归档材料，学生档案管理人员接到材料应及时分类整理，准确装入学生本人档案。三是规范整理，加强对档案材料的选择、鉴定和保存，确保文字材料和纸张规格统一、书写完整、规范。四是要充分开发利用好学生档案资源，在保护学生个人隐私和安全的前提下，积极稳妥地为利用者提供优质服务。五是严格执行学生档案转递制度，通过学校内部专人取送或机要交通转递，保证档案的安全，避免产生“无头档案”。

（四）加强队伍建设，提高档案工作人员素质

档案工作人员素质的高低决定着档案管理工作水平的高低和工作效率的高低。长期以来，由于学生档案管理人员流动性强，他们大都缺乏必要的专业知识，时间和精力也难以保证。因此，提高工作人员的素质在学生档案管理工作中非常重要。一是工作人员利用业余时间通过各种形式的学习来提高自身的业务能力；二是强化与兄弟院校、企事业单位在学生档案管理中的信息沟通，通过组织工作人员到其他高校、企事业单位交流学

习，学习别人先进的管理技术，改进自身落后的管理模式；三是学校要加强学生档案管理人员队伍建设，设立专人专岗从事此项工作，并及时组织对有关人员的专业培训，提高学生档案管理工作水平。

（五）利用现代科技技术，加强学生档案信息化建设

在科学技术飞速发展的今天，信息化已经给档案管理工作带来了很多的便捷，学生档案的信息化已逐步在各地高校开始实施。长期以来，许多学校一直采用传统的人工方式对学生人事档案进行管理，这种管理方式存在着工作强度大、效率低、保密性差等问题，特别是随着招生人数的增加，在工作量上的强度增大，学生学籍异动给日常管理带来了不便，毕业生改派给档案转递带来了困难，滞留在学校跨年和“无头”的学生人事档案无法实现集中统计和管理等。因此加强学生档案信息化建设，使用计算机对学生档案信息进行管理，具有检索迅速、查找方便、可靠性高、存储量大、保密性好、工作强度低等优势，能够极大地提高学生档案管理的效率，实现学生档案管理的科学化、规范化、标准化。

高校学生档案管理工作是高校工作的重要组成部分，是一项系统工程。作为高校档案工作者，积极探索、研究工作中存在的问题，并提出相应的对策，是摆在我们面前的课题之一。只有这样，才能充分发挥学生档案的重要作用，更好地为高校、学生和社会服务。

第四节　高校电子文件归档工作中的问题与对策

一、电子文件归档的含义和特点

归档的实质就是现行文件向档案的转化。在我国将归档以后的文件称作为档案。归档是人们遵循档案形成的客观规律，有目的地保存档案的一种自觉行动。归档还是人们正式承认了文件档案价值的法律行为，承认了它对日后人类活动的参考价值，并使其转变成为整个社会的宝贵财富和信息资源。它们因此将作为档案受到法律上的保护和物质上的保护。不论是过去还是现在，归档都是文件生命周期上的一个重要环节，是文件和档案的分界线。只有当文件和档案工作实现完全的无纸化、电子化，文书和档案工作真正实现一体化，文书与档案之间的这种归档转换才不复存在，当然这是一个相当长的历史过程。

电子文件的归档是在流动中把握永恒的关键。电子文件的流动速度快，可变性强，决定了电子文件的归档与纸质文件的归档具有许多不同的特点。

传统纸质文件的归档是实体性的，各机关在工作活动中产生的文件处理完毕之后，由文书部门或业务部门整理立卷，定期移交给机关档案室（馆）保存。其归档时间、程序、方法等均具有单线性特点，思路较为明确。而电子文件的归档，用传统的方法和程序显然是行不通的。

电子文件归档的特点具体包括：

（1）电子文件的归档不单纯在文件处理完毕后，而是在文件的形成时期就要归档。人们在设计和拟定电子文件管理系统时，就应规定凡满足归档要求的文件形成之时就要归档，以便系统能有效地保管。

（2）电子文件的存在状况使其可用多种方式进行归档。电子文件归档前存在的形式表现为记录在信息载体上和分布在网络中两种，具体形式有：①存放在个人电脑中，以设备为单位，相互之间并未联网；②脱机保存在移动介质上；③在网络上以数据库的方式存在。这种存在状态的分散性，增加了归档的难度，也因电子文件信息可以在网络上直接传递，而使归档的多途径成为可能。归档工作不仅依靠手工时代的经验，还需要信息技术和环境来支撑。

（3）电子文件的归档范围有所扩大，不仅对文件本身，对文件存在的软件环境和背景信息、元数据等皆需要归档。

（4）由于现行机关文件生成大多采用“双套制”，在归档电子文件的同时，还应对相应的纸质文件进行归档，这也在一定程度上增加了归档的复杂性。针对这些不同特点，我们需要认真地加以研究和把握，确保具有历史价值的电子文件能够真实完整、系统和长期或永久地得到保护。

21世纪以来，在长期研究和实践的基础上，目前，在电子文件归档方面取得了一批研究成果和标准规范。国家档案局于2003年7月22日公布了《电子公文归档管理暂行办法》，2003年9月1日起施行。2005年4月30日发布了《公务电子邮件归档与管理规则》（DA/T 32－2005），2005年9月1日实施；2008年4月23日发布了《电子文件归档光盘技术要求和应用规范》(DA/T 38－2008)，2008 年 7 月 1 日实施。

二、电子文件归档的范围

(一) 电子文件归档范围确定的原则

确定电子文件的归档范围，是归档工作的首要任务，也是保证电子文件质量的关键。确定电子文件的归档范围应遵循以下原则：

(1) 按现行文件的有关归档范围执行。

(2) 要考虑电子文件的特殊性，根据电子文件的形成规律，尽可能具体列出阶段的、系统的、权威的电子文件组合，保证电子文件的真实性、完整性、有效性和安全性。

(3) 电子计算机的软硬件环境、表达电子文件内容的基本格式及有关元数据等也必须列入归档范围。

(二) 归档范围的具体内容

《电子文件归档与管理规范》规定："电子文件的归档范围参照国家关于纸质文件材料归档的有关规定执行，并应包括相应的背景信息和元数据。"这只是一种概括性、原则性规定，其中"国家关于纸质文件材料归档的有关规定"主要是指《机关文件材料归档与不归档范围》。总体来说，电子文件归档范围包括程序类文件和数据类文件，即收集积累范围内经鉴定有必要保存归档的部分，对此可参阅电子文件收集积累范围。

三、电子文件归档的方式

(一) 对电子文件归档方式的提法

各种提法各有自己的视角，但就其实质而言，相差不大。介质移交方式、物理归档、卸载式归档、脱机归档都是将电子文件信息存储在移动介质上用实体向档案部门移交。而相应的网络（信息）移交方式、逻辑归档、在线式归档、联机归档都是将电子文件信息直接从网络上传输、登录到档案部门的计算机系统中，是信息的移交。为统一起见，我们称之为脱机介质归档和网络信息归档。

(二) 电子文件归档的基本方式

机关的电子文件形成部门采取何种归档方式，可依机关计算机系统的配置情况而决定。网络环境下也可采用实体归档；随着信息技术的进一步发展普及，机关电子文件管理经验和水平的提高，采用网络信息归档方式已是大势所趋。

1. 脱机介质归档

（1）将应归档的电子文件最终版本录入存储载体上。这个过程一般是归档人员对经过整理、确定保管期限，赋予电子文件档案属性后，录入在存储载体上，脱机后归档保存。

（2）备份归档。一般在计算机网络环境下采用。将归档的电子文件在网络上进行一次备份操作，将归档的电子文件录入到存储载体上。为保证文件的真实性，也将记录日志录入在存储载体上脱机归档保存。

2. 网络信息归档

网络信息归档按归档后电子文件的组织与结构来划分，可以分为集中式归档和分布式归档；按归档时机可以分做实时归档和滞后归档。

（1）集中式归档。或称在线集中式归档，是将归档电子文件集中到档案部门的数据库中，属集中式保管范畴。

（2）分布式归档。档案部门只是控制着归档电子文件的目录和存取数据，如果需要，必须到该文件形成部门的系统上去索取。它属于分布式保管的范畴，也是一种权限归档。

（3）滞后归档。在电子文件的文书处理程序结束后，才将电子文件传输给档案部门，它较符合我国传统的档案工作观念。

（4）实时归档。在电子文件刚刚形成或收到之初，就同时通过网络传输到档案部门的数据库或计算机之中。具体来说，对本单位制发的文件，开始起草时，就规定由文件的起草人进行初次的内容价值鉴定和档号标引（标引可以在人机对话的条件下半自动化地进行），并接受档案部门的监督指导，文件一旦正式签署形成，即通过网络传输进入档案部门的数据库或计算机系统，档案部门进行第二次鉴定，对认为需要保存的文件下载到移动载体中保存；对外单位来文，收文登记就是归档，文件由承办人进行初次内容鉴定和档号标引，在处理完毕后由档案部门实施二次鉴定，并对认为需要保存的文件下载到移动载体中保存。

电子文件的两种归档方式各有优点。脱机介质归档是较长期在比较稳定的环境中保存电子文件的必要措施；网络信息归档则有助于档案部门对电子文件整个生命周期运动过程的监控，是文件的真实性、完整性、有效性的根本保证。因此，在实践中可结合实施。需要指出的是：移交到档案馆（室）的电子文件应以一定的介质形态归档保存。将流动的电子信息用一定的方式“凝固”起来，有助于把握和证实它的不变。

四、电子文件归档的要求

电子文件的归档比纸质文件要复杂得多，但其目的基本上是一致的，即在维护电子文件真实性、完整性、有效性、安全性的基础上，将具有档案价值的文件移交给档案部门，以便于今后的有效保管和长久利用。为达到这一目的，电子文件归档工作要在归档原则的指导下有序地开展，文件形成部门或信息管理部门应定期把经过鉴定符合归档条件的电子文件向档案部门移交，并按档案部门要求的格式将其存储到符合保管期限要求的脱机载体上。

例如，编制电子文件的归档的说明。电子文件类型很多，有关表格、规定很难把各类电子文件的归档及要办的手续全都包括在内，因此一定要有电子文件的归档说明。归档说明应简要说明电子文件的内容、运行的软硬件环境、版本号、文件的完整性和准确性等，以保证归档后电子文件是可存取、可利用和可理解的。编制的归档说明是一项检查和使用电子文件的“工具”，要和电子文件一道长期保存。归档说明可兼作移交清单。

五、归档电子文件的移交

电子文件归档后按有关规定移交至档案室等档案保管部门，作为电子文件进行集中保管，归档移交是归档的最后实施环节。

（一）移交时间

电子文件的脱机介质归档或网络信息滞后归档一般在年度或任务完成后，或一个阶段之后的一段时间内进行归档移交，具体可视情况而定。如管理性文件可按照内容特点确定一个归档期限；技术文件、科研项目文件等则可在项目完成后归档移交。因涉及电子文件的技术环境条件、存储载体的质量、寿命等问题，一般以不超过3个月为宜。

在实行电子文件和纸质文件双套制归档的机关，有必要与纸质文件的归档加以协调，以便于两种文件的对应处置和对应查找。

如果档案馆和电子文件形成部门之间建立了计算机网络系统，而且比较通畅，则可利用计算机网络系统进行实时归档移交，上交档案馆保存。

（二）移交检验

档案保管部门应配备满足对电子文件进行读取处理的设备，以保证完成电子文件的检验工作。归档的每套载体及其技术环境均应接受检验，合格率应达到100%。

检验项目包括：①载体有无划痕，是否清洁。②有无病毒。③核实归档电子文件的真实性、完整性、检验有效性及审核手续。④核实《归档电子文件登记表》、软件、说明资料等是否齐全。⑤对特殊格式的电子文件，应核实其相关的软件、版本、操作手册等是否完整。

执行网络移交时，重点解决文件数据检验问题。然后，同样执行物理检验过程。

参考文献

REFERENCES

陈祎凡，赵慧娟．高校档案管理数字化建设问题研究［J］．办公室业务，2020（15）：139－140．

代红，尹世学，苗季．高校人事档案管理信息系统的设计与应用［J］．兰台世界，2020（9）：44－46．

丁小珈．高校档案管理规范化探析［J］．湖北水利水电职业技术学院学报，2020，16（3）：34－36．

高寒．高校学籍档案信息管理系统研究与实现［D］．南昌：南昌航空大学，2018．

郭立，梁静．论高校学生档案管理的风险规避［J］．内蒙古科技与经济，2020（14）：18－19，33．

皇甫亮．影响高校电子档案存储的因素及解决措施［J］．兰台内外，2020（27）：32－33．

黄兆红．信息时代下的高校档案管理［M］．延边：延边大学出版社，2019．

兰家友．信息化背景下高校会计档案管理研究［J］．纳税，2020，14（25）：81－82．

李寒冰．高校档案管理系统的设计与实现［D］．大连：大连海事大学，2014．

李艳艳．高校大学生档案流转体系安全评价研究［D］．西安：西安建筑科技大学，2018．

李振飞．高校学生档案管理系统的研究与分析［D］．昆明：云南大学，2015．

连红．高校院系档案集成管理模式创新研究［M］．杭州：浙江工商大学出版社，2016．

刘歌与．高校档案信息化建设探究［J］．机电兵船档案，2020（4）：38－40．

刘琪．数字化校园背景下档案管理模式研究［D］．郑州：郑州航空工业管理学院，2017．

罗叶霖，黄恒菁，胡南，等．高校学生学籍档案管理的现状与改进研究［J］．办公室业务，2020（19）：120－121．

牛小娜．我国高校基建档案管理现状研究［D］．合肥：安徽大学，2016．

牛妍懿，郭久智，温明明．大数据背景下高校教学档案管理问题及策略［J］．办公室业务，2020（19）：132－133．

孙彬彬．高校档案管理队伍现状分析［J］．青年与社会，2020（23）：140－141．

唐婷，刘德志．高校户籍档案管理的现状及转型路径［J］．兰台内外，2020（27）：60－61．

王芳．高校人事档案管理电子信息化的思考与探析［J］．时代报告，2020（9）：156-157.
王君．基于信息技术的高校档案创新管理研究［J］．文学教育（上），2020（11）：172-173.
魏娟．高校人事档案数字化外包风险与对策研究［J］．兰台内外，2020（29）：1-3.
吴娟．高校档案管理规范化建设的实现路径探索［J］．产业创新研究，2020（20）：193-194.
杨红．高校教学档案中学籍管理工作存在问题及解决策略［J］．国际公关，2020（11）：287-288.
杨阳．高校档案管理信息化建设［M］．长春：吉林文史出版社，2019.
姚恒．大数据环境下的高校档案数据治理路径研究［J］．办公室业务，2020（19）：124-125.
姚小菊．高校电子档案管理问题与对策［J］．办公室业务，2020（16）：189-190.
张雪芳．高校图书馆档案优化管理新思路探讨［J］．兰台内外，2020（35）：10-12.
张玉爽．高校档案管理信息化建设［J］．信息记录材料，2020，21（8）：75-77.
周晓峰．高校电子档案管理与发展思考［J］．农家参谋，2020（21）：258.
朱春巧．信息化时代下高校档案管理创新研究［M］．长春：东北师范大学出版社，2018.
左婷婷．高校档案公共服务与信息化管理［M］．长春：吉林出版集团股份有限公司，2018.

图书在版编目（CIP）数据

新时代高校档案管理科学发展研究 / 段园园著. —
北京：中国农业出版社，2023.5（2023.8 重印）
ISBN 978-7-109-30736-0

Ⅰ.①新… Ⅱ.①段… Ⅲ.①高等学校－档案管理－研究－中国 Ⅳ.①G647.24

中国国家版本馆 CIP 数据核字（2023）第 092505 号

中国农业出版社出版
地址：北京市朝阳区麦子店街 18 号楼
邮编：100125
责任编辑：赵 刚
版式设计：王 晨　　责任校对：吴丽婷
印刷：北京中兴印刷有限公司
版次：2023 年 5 月第 1 版
印次：2023 年 8 月北京第 2 次印刷
发行：新华书店北京发行所
开本：720mm×960mm　1/16
印张：12.5
字数：202 千字
定价：78.00 元
